高职高专工学结合课程改革规划教材

Kehu Goutong Jiqiao yu Tousu Chuli
客户沟通技巧与投诉处理

（第二版）

（汽车运用与维修技术专业用）

交通职业教育教学指导委员会　　组织编写
汽车运用与维修专业指导委员会
韦　峰　罗　双　主　编

人民交通出版社股份有限公司
China Communications Press Co.,Ltd.

内 容 提 要

本书是高职高专工学结合课程改革规划教材,是在各高等职业院校积极践行和创新先进职业教育思想和理念,深入推进"校企合作、工学结合"人才培养模式的大背景下,由交通职业教育教学指导委员会汽车运用与维修专业指导委员会根据新的教学标准和课程标准组织编写而成。

本教材以维修服务工作实际为基础,重点培养学生与客户的沟通技巧及投诉的一般性处理方法。内容涵盖了对沟通的认知、语言沟通技巧的运用、非语言沟通技巧的运用、倾听训练、客户投诉心理分析、客户投诉处理技巧的运用、书面沟通技巧、团队与沟通,共8个学习单元。

本书主要供高职高专院校汽车运用与维修技术、汽车营销与服务专业教学使用。

图书在版编目(CIP)数据

客户沟通技巧与投诉处理/韦峰,罗双主编. —2版. —北京:人民交通出版社股份有限公司,2017.8
ISBN 978-7-114-14015-0

Ⅰ.①客… Ⅱ.①韦… ②罗… Ⅲ.①汽车—车辆修理—商业服务—高等职业教育—教材 Ⅳ.①U472

中国版本图书馆 CIP 数据核字(2017)第 170744 号

高职高专工学结合课程改革规划教材
书　　名:客户沟通技巧与投诉处理(第二版)
著 作 者:韦　峰　罗　双
责任编辑:张一梅
出版发行:人民交通出版社股份有限公司
地　　址:(100011)北京市朝阳区安定门外外馆斜街 3 号
网　　址:http://www.ccpcl.com.cn
销售电话:(010)59757973
总 经 销:人民交通出版社股份有限公司发行部
经　　销:各地新华书店
印　　刷:北京市密东印刷有限公司
开　　本:787×1092　1/16
印　　张:10.25
字　　数:225 千
版　　次:2012 年 5 月　第 1 版
　　　　　2017 年 8 月　第 2 版
印　　次:2024 年 8 月　第 2 版　第 6 次印刷　累计第10次印刷
书　　号:ISBN 978-7-114-14015-0
定　　价:24.00 元

(有印刷、装订质量问题的图书由本公司负责调换)

交通职业教育教学指导委员会
汽车运用与维修专业指导委员会

主 任 委 员：魏庆曜

副主任委员：张尔利　汤定国　马伯夷

委　　　员：王凯明　王晋文　刘　锐　刘振楼

　　　　　　刘越琪　许立新　吴宗保　张京伟

　　　　　　李富仓　杨维和　陈文华　陈贞健

　　　　　　周建平　周柄权　金朝勇　唐　好

　　　　　　屠卫星　崔选盟　黄晓敏　彭运均

　　　　　　舒　展　韩　梅　解福泉　詹红红

　　　　　　裴志浩　魏俊强　魏荣庆

秘　　　书：秦兴顺

编审委员会

公共平台组

组　　长：魏庆曜
副 组 长：崔选盟　周林福
成　　员：王福忠　林　松　李永芳　叶　钢　刘建伟　郭　玲
　　　　　马林才　黄志杰　边　伟　屠卫星　孙　伟
特邀主审：郭远辉　杨启勇　崔振民　韩建保　李　朋　陈德阳

机电维修专门化组

组　　长：汤定国
副 组 长：陈文华　杨　洸
成　　员：吕　坚　彭小红　陈　清　杨宏进　刘振楼　王保新
　　　　　秦兴顺　刘　成　宋保林　张杰飞
特邀主审：卞良勇　黄俊平　蹇小平　张西振　疏祥林　李　全
　　　　　黄晓敏　周建平

维修服务顾问专门化组

组　　长：杨维和
副 组 长：刘　焰　杨宏进
成　　员：韦　峰　罗　双　周　勇　钱锦武　陈文均　刘资媛
　　　　　金加龙　王彦峰　杨柳青
特邀主审：吴玉基　刘　锐　张　俊　邹小明　熊建国

保险与公估专门化组

组　　长：张尔利
副 组 长：阳小良　彭朝晖
成　　员：李远军　陈建宏　侯晓民　肖文光　曹云刚　廖　明
　　　　　荆叶平　彭晓艳
特邀主审：文爱民　任成尧　李富仓　刘　璘　冷元良

第二版前言

《客户沟通技巧与投诉处理》第一版出版五年以来，获得了职业院校师生的认可。在这五年中，国内外汽车市场的发展变化，也给汽车客户沟通与投诉处理领域带来了新的学习内容，同时第一版在使用的过程中，也存在一些不完善。汽车服务领域的新发展、新变化等，都需要对《客户沟通技巧与投诉处理》第一版进行再版修订。

在修订内容的考虑上，我们将近几年汽车服务行业所发生的一些重大事件，诸如"断轴门""排放门"所引发的客户关系危机等内容纳入修订范围，并最终决定在投诉处理的内容上，拓展了客户关系危机管理的内容。在修订过程中，我们充分考虑到职业教育的教学特点和汽车服务企业对人才的需求，注重理论知识与实践技能的有机结合，并注重吸收国外先进的职教理念。从市场需求入手，认真分析行业发展动态，制订了详细的修订方案。

与第一版相比，本书重点更为突出，和行业热点结合更为紧密，知识点更加丰富，实用性更强。

参加本书编写的有：云南交通职业技术学院的韦峰(编写学习单元1、2)、贾梦妮(编写学习单元3和学习单元5)，湖南交通职业技术学院的罗双(编写学习单元4、6、7、8)，全书由云南交通职业技术学院的韦峰、湖南交通职业技术学院的罗双担任主编。

由于编者经历和知识水平有限，本书内容还是难以覆盖全国各地的实际情况，希望各教学单位和读者在积极选用和推广本书的同时，及时提出修改意见和建议，以便再版修订时改正和补充完善。

编　者

2017 年 6 月

第一版前言

为落实《国家中长期教育改革和发展规划纲要(2010—2020年)》精神,深化职业教育教学改革,积极推进课程改革和教材建设,满足职业教育发展的新需求,交通职业教育教学指导委员会汽车运用与维修专业指导委员会按照工学结合一体化课程的开发程序和方法编制完成了《汽车运用技术专业教学标准与课程标准》,在此基础上组织全国交通职业技术院校汽车运用技术专业的骨干教师及相关企业的专业技术人员编写了本套规划教材,供高职高专院校汽车运用技术、汽车检测与维修专业教学使用。

本套教材在启动之初,交通职业教育教学指导委员会汽车运用与维修专业指导委员会又邀请了国内著名职业教育专家赵志群教授为主编人员进行了关于课程开发方法的系统培训。教材初稿完成后,根据课程的特点,分别邀请了企业专家、本科院校的教授和高职院校的教师进行了审阅,之后又专门召开了两次审稿会,对稿件进行了集中审订后才定稿,实现了对稿件的全过程监控和严格把关。

本套教材在编写过程中,主要编写人员认真总结了全国交通职业院校多年来的教学成果,结合了企业职业岗位的客观需求,借鉴了发达国家先进的职业教育理念,本套教材形成了以下特色:

1. 强调"校企合作、工学结合"。汽车运用技术专业建设,从市场调研、职业分析,到教学标准、课程标准开发,再到教材编写的全过程,都是职业院校的教师与相关企业的专业人员一起合作完成的,真正实现了学校和企业的紧密结合。本专业核心课程采用学习领域的课程模式,基于职业典型工作任务进行课程内容选择和组织,体现了工学结合的本质特征——"学习的内容是工作,通过工作实现学习",突出学生的综合职业能力培养。

2. 强调"课程体系创新,编写模式创新"。按照整体化的职业资格分析方法,通过召开来自企业一线的实践专家研讨会分析得出职业典型工作任务,在专业教师和行业专家、教育专家共同努力下进行教学分析和设计,形成了汽车运用技术专业新的课程体系。本套教材的编写,打破了传统教材的章节体例,以具有代表性的工作任务为一个相对完整的学习过程,围绕工作任务聚焦知识和技能,体现行动导向的教学观,提升学生学习的主动性和成就感。

第一版前言

《客户沟通技巧与投诉处理》是本套教材中的一本知识与技能并重型学科教材,具有以下特点:

1. 突出"强化应用、重点培养技能为教学重点"的原则。
2. 体现职业教育的特色,结合实际,引用大量企业案例。
3. 章节遵循学科循序渐进的原则安排,前理论后运用,通过大量实例帮助学生由浅入深地学习。
4. 引入拓展知识,可进行分层教学。

参加本书编写工作的有:云南交通职业技术学院韦峰(编写学习单元1、2)、云南交通职业技术学院贾梦妮(编写学习单元3、5)、湖南交通职业技术学院罗双(编写学习单元4、7、8)、湖南交通职业技术学院曾立红(编写学习单元6),全书由云南交通职业技术学院韦峰、湖南交通职业技术学院罗双担任主编,云南交通职业技术学院贾梦妮担任副主编,北京交通运输职业学院吴玉基担任主审。

限于编者经历和水平,教材内容难以覆盖全国各地的实际情况,希望各教学单位在积极选用和推广本系列教材的同时,注重总结经验,及时提出修改意见和建议,以便再版修订时补充完善。

交通职业教育教学指导委员会
汽车运用与维修专业指导委员会
2011 年 10 月

目 录

学习单元1　对沟通的认知 ……………………………………………… 1
  1. 概述 …………………………………………………………………… 1
  2. 沟通过程与沟通模式 ………………………………………………… 3
  3. 沟通的种类 …………………………………………………………… 7
  4. 沟通障碍及有效沟通的原则 ………………………………………… 8
  思考与练习 ……………………………………………………………… 11
  拓展学习 ………………………………………………………………… 11

学习单元2　语言沟通技巧的运用 ……………………………………… 13
  1. 概述 …………………………………………………………………… 13
  2. 语言沟通的能力基础 ………………………………………………… 15
  3. 语言沟通技巧 ………………………………………………………… 18
  4. 正确提问的九种技巧 ………………………………………………… 20
  5. 电话沟通的常用方法 ………………………………………………… 23
  思考与练习 ……………………………………………………………… 24
  拓展学习 ………………………………………………………………… 24

学习单元3　非语言沟通技巧的运用 …………………………………… 28
  1. 概述 …………………………………………………………………… 28
  2. 非语言沟通 …………………………………………………………… 28
  3. 动作语言 ……………………………………………………………… 29
  4. 面部表情 ……………………………………………………………… 31
  5. 语言声调 ……………………………………………………………… 32
  6. 空间礼仪 ……………………………………………………………… 32
  7. 服饰与仪态 …………………………………………………………… 35
  思考与练习 ……………………………………………………………… 40
  拓展学习 ………………………………………………………………… 41

学习单元4　倾听训练 …………………………………………………… 42
  1. 倾听的基本认知 ……………………………………………………… 42
  2. 倾听的作用 …………………………………………………………… 45

目 录

  3. 倾听的类型 …… 47
  4. 倾听的障碍 …… 48
  5. 不良的倾听习惯 …… 53
  6. 改善倾听的技巧 …… 54
  思考与练习 …… 65
  拓展学习 …… 67

学习单元 5　客户投诉心理分析 …… 70
  1. 投诉分析 …… 70
  2. 客户投诉中常见的四种性格类型 …… 72
  思考与练习 …… 77
  拓展学习 …… 80

学习单元 6　客户投诉处理技巧的运用 …… 87
  1. 处理客户投诉的意义、方式和要诀 …… 87
  2. 客户投诉管理 …… 89
  3. 处理客户投诉的方法及技巧 …… 90
  4. 避免八种错误处理客户抱怨的方式 …… 91
  5. 客户投诉处理程序 …… 93
  6. 处理客户投诉的类型和对策 …… 94
  7. 典型投诉案例分析 …… 97
  思考与练习 …… 98
  拓展学习 …… 98

学习单元 7　书面沟通技巧 …… 109
  1. 书面沟通概述 …… 109
  2. 写作的一般过程和写作的影响因素 …… 110
  3. 企业常用文书 …… 113
  4. 书面沟通的多样化——电子沟通 …… 121
  思考与练习 …… 126
  拓展学习 …… 127

学习单元 8　团队与沟通 …… 133
  1. 团队沟通的定义和特点 …… 133

目录

2. 团队的发展阶段 …………………………………………………………… 137
3. 团队合作在应对汽车维修服务客户投诉中的意义 ………………………… 138
4. 团队的决策方式 …………………………………………………………… 139
5. 共识决策方式的应用 ……………………………………………………… 142
6. 打造汽车售后服务团队 …………………………………………………… 143
思考与练习 ………………………………………………………………… 148
拓展学习 …………………………………………………………………… 149

参考文献 ……………………………………………………………………… 152

学习单元 1　　对沟通的认知

学习目标

1. 明确沟通的内涵；
2. 描述沟通的基本过程与模式；
3. 叙述沟通的类型及特点；
4. 描述有效沟通的原则；
5. 描述沟通中的障碍。

学习时间

4学时。

1. 概述

每天，我们都在和周围的人交往，相互之间通过沟通达成了彼此间的信赖，使得人与人的友情、亲情、爱情得到了巩固和升华，沟通在我们的生活和工作中非常重要。而在汽车维修服务中，我们每天都要面对用户的疑问、求助、抱怨，甚至投诉。作为提供维修服务的一员，不但要将车辆的故障排除，同时也要处理好和客户的关系，正所谓维修于车，服务于人。那么，如何在优质、高效地维修车辆的同时也提供贴心的服务，使用户的问题、抱怨得到有效解决呢？有效的沟通就是前提！

对于沟通，相信每个人都不会陌生，也许您会认为："沟通不是太难的事，我们不是每天都在进行沟通吗？""我告诉他了，所以我已和他沟通了。""我告诉他们了，但是他们没有搞清楚我的意思。""只有当我想要沟通的时候，才会有沟通。"

以上事实可能是很多人对沟通的认识。然而，沟通的含义却不能用以上事实来说明。其实沟通并不是一个永远有效的过程，只有有效的沟通，才能对人与人之间的交流与互动产生积极的影响。在现实生活中，由于无效的沟通而导致的抱怨与投诉屡见不鲜。例如，客户才购买了半个月的新车出现了行李舱部位异响的问题，客户到了维修站，见到服务代表：

"你好！我的车有异响，请帮我看一下是什么问题。"

"哪里异响？"

"就在行李舱部位。"

"那一定是您自己放的行李在响。"

"可是我没有放任何东西啊。"
"不可能！没有东西怎么会响！"
"咦！您这是什么态度啊？"
"我这里很忙！你上别处看看去吧！"

要保证沟通的有效性,首先要对沟通具有清晰的认识,这样才会体察出自身在沟通能力方面存在的缺陷,避免和减少无效的沟通,增进人与人之间的情感交流,推进客户问题的解决。这就需要我们首先了解沟通的含义、作用和意义。

1.1 沟通的含义

沟通一词源于拉丁文 communis,意义为共同化,英文表示为 communication,在《美国传统双解词典》中的解释为:"交流、交换思想、消息或信息,如经由说话、信号、书写或行为";《现代汉语词典(第6版)》关于沟通的解释为:"使两方能通连";传播学者西蒙多·克莱文杰说:"从学术或科学的角度对沟通下定义遇到困扰,这是因为一个事实,即动词的'沟通'(to communicate)作为普通词汇沿用已久,因此,很难将其作为科学用语使用。"本书综合古今中外学者的论述后,将沟通定义如下:

沟通(communication)是信息、思想与情感凭借一定符号载体,在个人或群体中的发送者与接收者间进行传递,并获取理解、达成协议的过程。图1-1为沟通达成协议的过程。

图1-1 沟通达成协议的过程

这一过程具有非常明确的特征。沟通的传递要素包括了中性的信息、理性的思想与感性的情感;沟通具有相互性,一定是两个以上个体或群体之间的传递过程才能称之为完整的沟通;主体发出的沟通要素信息、思想与情感不仅要被传递到客体,还要被客体充分理解并达成协议,这个也是与日常所讲沟通的最大区别。总之,在汽车维修服务中,沟通是双方之间准确地传递反馈信息,使得服务顾问真实全面理解客户的需求,同时让客户准确理解其所能得到的服务,并达成维修方案共识,增进客户对维修站信赖的过程。

1.2 沟通的作用与意义

1.2.1 沟通的作用

为什么要沟通？对于汽车维修企业来说,维修服务中的沟通是一种自然而然的、必需的、无所不在的活动。无论是接车服务中的维修项目确认,还是维修过程中的新增项目确认以及维修完工后的交车服务中都自然而然地与客户有沟通。

通过沟通,企业可以将维修信息传达给客户,并获得客户的潜在服务需求;通过及时有效的维修服务,企业可以解决客户的问题。在客户需求和问题得到满足和解决的同时,客户对维修企业的信赖程度也就自然得到提升,客户对服务代表的感情也得到了深化,这既使得企业形象得到了优化,又使得品牌价值得到了提高。总之,通过沟通可以交流信息和获得感情与思想。在人们工作、娱乐、居家、买卖时,或者希望和一些人的关系更加稳固和持久时,都要通过交流、合作、达成协议来达到目的。

在沟通过程中,人们分享、披露、接收信息。根据沟通信息的内容,可分为事实、情感、价值取向、意见观点。根据沟通的目的,可以分为交流、劝说、教授、谈判、命令等。

综上所述,沟通的主要作用有两个。

(1)传递和获得信息。信息的采集、传送、整理、交换,无一不是沟通的过程。通过沟通,交换有意义、有价值的各种信息,生活中的大小事务才得以开展。

掌握低成本的沟通技巧、了解如何有效地传递信息,能提高人的办事效率,而积极地获得信息更会提高人的竞争优势。好的沟通者可以一直保持注意力,随时抓住内容重点,找出所需要的重要信息。他们能更透彻地了解信息的内容,拥有最佳的工作效率,并节省时间与精力,获得更高的生产力,这对于汽车维修服务的投诉处理工作尤为重要。

(2)改善人际关系。社会是由人们互相沟通所维持的关系网,人们相互交流是因为需要同周围的社会环境相联系。

沟通与人际关系两者相互促进、相互影响。有效的沟通可以赢得和谐的人际关系,而和谐的人际关系又使沟通更加顺畅。相反,人际关系不良会使沟通难以开展,而不恰当的沟通又会使人际关系变得更坏。

1.2.2 沟通的意义

沟通是人类组织的基本特征和活动之一。没有沟通,就不可能形成组织和人类社会。家庭、企业、国家,都是十分典型的人类组织形态。沟通是维系组织存在,保持和加强组织纽带作用,创造和维护组织文化,提高组织工作效率、效益,支持、促进组织不断进步发展的主要途径。在维修服务中,沟通是维系客户关系,促进服务销售的必要手段。

有效的沟通能让我们高效率地把一件事情办好,让我们享受更美好的生活。善于沟通的人懂得如何维持和改善相互之间的关系,更好地展示自我需要、发现他人需要,最终赢得更好的人际关系和成功的事业。

综上所述,对于汽车维修服务,沟通的意义可以总结为以下几点:

(1)满足人们彼此交流的需要。
(2)使人们达成维修服务共识并进行更多的合作。
(3)降低服务工作的代理成本,提高办事效率。
(4)能获得有价值的需求信息,并使销售服务工作有条不紊地推进。
(5)使人能进行清晰的思考,有效把握所做的事。

2. 沟通过程与沟通模式

2.1 沟通过程的八要素

沟通过程就是发送者将信息通过一定的渠道传递给接收者的过程。沟通过程离不开沟通主体(发送者)、沟通客体(接收者)、信息(包含中性信息、理性的思想与感性的情感)、信息沟通渠道等基本沟通要素。一个完整的沟通过程包括了主体(发送者)、编码、渠道(媒介)、解码、客体(接收者)、反馈、噪声与背景。任何简单或复杂的沟通都遵循这个沟通过程的八要素。

(1)主体(发送者):即信息源与沟通发起者,这是沟通的起点。

(2)编码:即组织信息,把信息、思想与情感等内容用相应的语言、文字、图形或其他非语言形式表达出来,就构成了编码过程。

(3)渠道:即媒介、信息的传递载体,除了面对面的语言交流外,还可借助电话、传真、电子邮件、手机微信和短信等媒介传递信息。

(4)解码:即译码,接收者对所获取的信息(包括了中性信息、思想与情感)的理解过程。

(5)客体(接收者):即信息接收者、信息到达的客体、信息受众。

(6)反馈:接收者获得信息后会有一系列的反应,即对信息的理解和态度,接收者向发送者传送回去的那部分反应即反馈。

(7)噪声:在进行过程中,上述六个环节不可避免地会遇到各种各样的干扰,统称噪声,它存在于沟通过程的各个环节,并有可能造成信息损耗或失真。常见的噪声来源于以下八个方面:发送者的目的不明确、表达不清、渠道选择不当,接收者的选择性知觉、心理定式,发送者与接收者的思想差异、文化差异、忽视反馈。

(8)背景:即沟通过程所处的背景环境,同样的一次沟通在不同的时空背景下导致的沟通效果是不一样的,正是因为沟通双方的人际关系是动态变化的,从而使得彼此之间的沟通效果也是动态变化的。

2.2 沟通的模式

沟通的过程(八要素模式)如图 1-2 所示。发送者把意图编码成信息,通过媒介物——渠道传送至接收者;接收者对接收到的信息加以解码,并对发送者作出相应的反应,称为反馈;在沟通过程中不可避免地会存在各种噪声干扰,导致沟通效果不佳,同时由于每次沟通都处于一定的背景环境当中,不同的时空背景下,沟通效果也会大不一样。

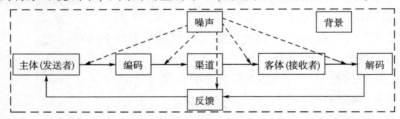

图 1-2 沟通的过程(八要素模式)

根据沟通的要素分析,要实现有效沟通,应该从沟通的八要素入手,系统全面地考虑沟通的策略。

下面简述沟通过程中各要素对沟通过程的影响。

2.2.1 发送者、接收者

沟通的主体是人,任何形式的信息交流都需要有两个或两个以上的人参加。由于人与人之间的信息交流是一种双向的互动过程,所以,发送者与接收者只是相对而言,这两种身份可能发生转换。在信息交流过程中,发送者的功能是产生、提供用于交流的信息,是沟通的初始者,处于主动地位;接收者则被告知事实、观点或被迫改变自己的立场、行为等,处于被动地位。发送者和接收者的这种地位对比特点对于信息交流有着重要的影响。

2.2.2 编码与解码

编码就是发送者将信息转化成可传输符号的过程。这些符号或信号可以是文字、数字、图画、声音或身体语言。评价发送者的编码能力有三个标准:第一是认知,即"对不对"的问题;第二是逻辑,即"通不通"的问题;第三是修辞,即"美不美"的问题。

解码就是接收者将获得的信号翻译成某种含义。如果解码错误,信息将会被误解或曲解。沟通的目的就是希望接收者对发送者所发出的信息作出真实的反应及采取正确的行动,如果达不到这个目的,就说明沟通不灵,产生了沟通障碍。

编码和解码的两个过程是沟通成败的关键。最理想的沟通,应该是通过编码和解码两个过程后,接收者形成的信息与发送者的意图完全吻合,也就是说,编码和解码完全"对称"。"对称"的前提条件是双方拥有类似的知识、经验、态度、情绪和感情等。如果双方对信息符号和内容缺乏共同经验,则容易缺乏共同的语言,导致无法达到共鸣,从而使双方在编码和解码过程中不可避免地出现差错和障碍。

2.2.3 信息

本书范围内阐述的信息是广义范畴的信息,它包含了中性信息、理性思想与感性的情感,广义的信息应该从如下两方面进行理解。

(1)信息内容的沟通价值。信息发送者应该对信息内容的必要性有明确的认识和把握。例如,信息的内容是否对接收者重要、信息是事实还是观点,对信息接收者而言,信息是积极的还是消极的、信息量有多大等。如果对接收者而言,沟通的信息缺乏必要的、有意义的内容、信息量太小,则会使沟通小题大做、浪费时间和物资;如果沟通当中所传递的信息量过大,则会使对方无法及时全部接收、无法分清信息主次、无法充分理解等。

(2)信息符号系统。由于不同的人往往有着不同的信息符号系统,因而接收者的理解可能与发送者的意图存在偏差。在一种认知体系中,符号(symbol)是指代一定意义的意象,可以是图形图像、文字组合,也可以是声音信号、建筑造型,甚至可以是一种思想文化、一个时事人物。所有的沟通信息都是由两种符号组成的:语言符号(verbal symbol)和非语言符号(nonverbal symbol)。

人类所面对的客观事物几乎是无限的,可人类只能用有限的词汇和抽象的概念工具来描述无限的事物。根据语言哲学理论,一个特定的句子去掉上下文后可以有不同含义的解释,每个人都可以根据自己的阅历来对语言进行联想,赋予意义,所以,对每个词的理解,人与人之间可能不尽相同是以产生了误解。

2.2.4 渠道

渠道是信息从发送者到达接收者所借助的媒介物。语言符号可以有口头和书面两种形式,每一种又可以通过多种多样的载体进行传递。口头语言可以通过面谈、演说、会议、电话、录音带、可视对话等多种渠道传递,而书面语言的载体又可以是信件、内部刊物、布告、文件、投影、电子邮件等。非语言符号通过人的眼神、表情、动作和空间距离等来进行人与人之间的信息交流。在申请一份工作时,要学会利用丰富的非语言渠道传递信息:有力的握手、合体的着装、敬重的语气等。

信息发送者要根据信息的性质选择合适的传递渠道。传达政府报告、员工绩效评估等正式、严肃和权威的事情时,宜用书面形式。在各种通道中,影响最大的仍是面对面的原始沟通方式,因为它可以最直接地发出及感受到彼此对信息的态度和情感。

2.2.5 背景

背景是影响沟通的总体环境,可以是物质的环境,也可以是非物质环境。沟通的背景通常包括如下几个方面。

(1)心理背景。心理背景是指内心的情绪和态度。它包括两方面的内容:一是沟通者的心情和情绪。沟通者处于兴奋、激动状态时,与处于悲伤、焦虑状态时的沟通意愿和行为是截然不同的,后者的思维往往处于抑制和混乱的状态,沟通意愿不强烈,编码和解码的过程也会受到干扰。二是沟通双方的关系。如果沟通双方彼此敌视或关系冷漠,其沟通常常由于存在偏见而出现误差,双方都较难理解对方的意思。

(2)社会背景。社会背景是指沟通双方的社会角色及其相互关系。不同的社会角色,对应于不同的沟通期望和沟通模式。人们相互之间为了达成良好的沟通,在沟通时必须选择切合自己与对方的沟通方法与模式。

(3)文化背景。文化背景是人们生活在一定的社会文化传统中所形成的价值取向、思维模式、心理结构的总和。文化背景影响着沟通的每一个环节。东西方文化背景不同,也会给人与人之间的沟通造成或大或小的干扰和难度。

(4)空间背景。空间背景指沟通发生的场所。特定的空间背景往往造成特定的沟通气氛,在嘈杂的市场听到一则小道消息与接到一个特地告知您的电话,给您的感受也是截然不同的,前者显示出的是随意性,后者体现的是神秘性。环境中的声音、光线、布局等物理氛围会影响沟通效果,而且环境的选择与权力有一定关系,沟通双方对环境的熟悉程度也会影响沟通效果。

(5)时间背景。时间背景是指沟通发生的时点。在不同的时间背景下,同样的沟通会产生截然不同的沟通效果。试想,一种情景是在某位公司职员刚与妻子吵架之后与其沟通工作绩效问题,另一种情景是在员工获得公司嘉奖之后与其沟通绩效问题,哪种情况下的沟通效果会比较好呢?当然是第二种。因此,选择合适的时间进行沟通是非常重要的。

2.2.6 噪声

噪声是沟通过程中对信息传递和理解产生干扰的一切,它存在于沟通过程的各个环节。根据噪声的来源,可以将噪声分为内部噪声、外部噪声、语义噪声。

(1)内部噪声来自沟通主体身上,例如,注意力分散、存在某些信念和偏见等,态度、技能、知识和社会文化系统都会造成内部噪声。

(2)外部噪声是指来源于环境中各种阻碍接受和理解信息的因素。常见的外部噪声是声音的骚扰,例如,和亲密的朋友推心置腹地交流时,周围突然有人大声喊叫。不过外部噪声不单指声音,还可能是光线、冷热等。教室的光线不好,会使学生不能看清黑板上的授课内容;在上课的时候,教室过分闷热,同学们难以集中精力学习。还有一种噪声是信息经过沟通渠道时,出现信息的损失和破坏,如用电话沟通时,电话线路不好;又如用电子邮件进行沟通时,电子邮件设置出现问题,对方无法按时收到自己的电子邮件。

(3)语义噪声指的是沟通的信息符号系统差异所引发的沟通噪声。人们个体的差异往往会导致人们内在的信息符号代码系统不能完全一致,因此也就在客观上留有产生系统差异噪声的可能性。

2.2.7 反馈

反馈是指接收者把收到并理解了的信息返送给发送者,以便使发送者对接收者是否正确理解信息进行核实。通过反馈,双方才能真正把握沟通的有效性,可以让沟通的参与者知道思想和情感是否按照他们计划的方式分享,这有助于提高沟通的准确性,减少出现误差的概率。为了检验信息沟通的效果,反馈是必不可少和至关重要的。

与信息的传递一样,反馈的发生有时是无意的。如不自觉地流露出的表情等,会给发送者返回许多信息。面对面交谈的参与者可以获得最大的反馈机会,而且交流中包含的人越少,反馈的机会越大。获得反馈的方式可以是提问、观察面部表情以及肢体动作等。

3. 沟通的种类

在沟通过程中,根据沟通符号的种类分别有语言沟通和非语言沟通,语言沟通又包括书面沟通与口头沟通;根据沟通是否是结构性和系统性的,沟通分为正式沟通和非正式沟通;根据沟通在群体或组织中传递的方向分为自上而下沟通、自下而上沟通和平行沟通;根据沟通中的互动性分为单向沟通与双向沟通;从发送者和接收者的角度而言,包括自我沟通、人际沟通与群体沟通。图 1-3 为沟通的结构与内涵框架图。

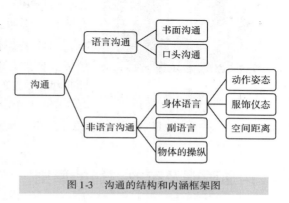

图 1-3 沟通的结构和内涵框架图

沟通包括语言沟通和非语言沟通,最有效的沟通是语言沟通和非语言沟通的结合。在处理用户的车辆故障投诉时,常常既通过语言和用户交流,了解故障情况及用户需求、安抚用户,同时也通过填写正式的故障处理工作单来确认工作项目,以便向后续工作部门传递信息。另外,还通过端茶递水等非语言的沟通方式表达问题处理的诚意,进一步宽慰用户。工作过程中的语言沟通包括书面沟通和口头沟通,非语言沟通包括声音语气(如音乐)、停顿与肢体动作(如手势、舞蹈、武术、体育运动等)。

3.1 语言沟通

语言本身就是力量,语言技巧是我们最强有力的工具。就像"花言巧语"可以帮助一个人获得他人的感情。语言可能使你逃离灾祸,也可能使您陷入困境。一个敢于站起来说话的人可能成为领导者,语言也可能使人受到极大的鼓舞或者极大的侮辱。

语言可以帮助您去获得他人的理解,并使与他人的沟通变成了可能。您对语言的驾驭能力使他人对您产生印象——您所处的状态和接受教育的程度。

3.2 非语言沟通

根据美国加利福尼亚大学洛杉矶分院(UCLA)研究者发现,在人们面对面的交谈中,信息的55%来自于身体语言,38%来自于语调,而仅有7%来自于真正的语言本身。在影响他人时,自身也不断地从外界接收信息,接收信息的渠道和相应的比例为:眼神 83%、听觉 11%、味觉 1%、嗅觉 3.5%、触觉 1.5%,视觉是接收信息最多的渠道。

可见表达能力绝不只是您的"口才",非语言表达方式和语言同样重要,有时作用甚至更加明显。正如德鲁克所说:"人无法只靠一句话来沟通,总是得靠整个人来沟通。"通过非语言沟通,人们可以更直观、更形象地判断您为人、做事的能力,看出您的自信和热情,从而获得对你十分重要的第一印象。人们常说:耳朵听不见为失聪,眼睛看不见为失明。聪明就是耳聪目明,聪明的人能看出对方所看不出的方面,能听出对方的言外之意。人们控制要说的话比较容易,而控制身体语言却不容易,身体语言会将人的思想暴露无遗。

图 1-4　生活中大量存在非语言沟通

在现实生活中,大量存在非语言沟通,如一个眼神、一个细小的动作、一个简单的身体姿态、一件衣服、一个特别的位置、一件物体等,都代表了特定的沟通含义。生活中大量存在非语言沟通,如图 1-4 所示。非语言沟通中,最为人知的领域是身体语言和语调,包括人的仪表、举止、语气、声调和表情等。例如,在上课时,看到学生无精打采或者是有人在翻阅报纸时,老师无需语言就可以知道,学生已经厌倦了;同样,当纸张沙沙作响,笔记本合上时,信息也十分明确,下课时间到了;一个人所用的办公室和办公桌的大小、一个人的穿着打扮都向别人传递着某种特定信息。

4. 沟通障碍及有效沟通的原则

4.1　沟通障碍

在维修服务沟通行为中,常常因为一些意外而使沟通无法实现,更严重的是一些意外的出现甚至会使沟通产生相反的效果。这些情况都表明沟通出现了障碍,有一些因素影响了信息的有效传递。造成沟通障碍的原因一般有以下几点。

(1)个人的个性特征差异引起的沟通障碍。个体的性格、气质、态度、情绪、兴趣等的差别,都会成为信息沟通的障碍。

(2)知识、经验水平的差距所导致的障碍。在信息沟通中,如果双方经验水平和知识水平差距过大,双方往往依据经验上的大体理解去处理信息,使彼此理解的差距拉大,形成沟通的障碍。

(3)对信息的态度、观点和信念不同所造成的障碍。一是认识差异。在管理活动中,不少员工和管理者忽视信息的作用的现象还很普遍,这就为正常的信息沟通造成了很大的障碍。二是利益观念。在团体中,不同的成员对信息有不同的看法,所选择的侧重点也不相同。很多员工只关心与他们的物质利益有关的信息,而不关心组织目标、管理决策等方面的信息,这也成了信息沟通的障碍。

(4)个人语言表达、交流和理解能力、记忆能力不佳所引起的障碍。在沟通中,同样的信息对不同的人来说含义是不一样的;在组织中,员工常有不同的背景,有着不同的说话方式和风格,对一样的事物也有着不同的理解,不同的认识。

（5）相互不信任和沟通者的畏惧感所产生的障碍。沟通双方相互不信任使得信息传递出现偏差或者延迟信息的传递。管理实践中，信息沟通的成败主要取决于上级与下级、领导与员工之间能否有全面有效地合作。但在很多情况下，这些合作往往会因下属的恐惧心理以及沟通双方的个人心理品质问题而形成障碍。

（6）知觉选择偏差所造成的障碍。接收和发送信息也是一种知觉形式。但是，由于种种原因，人们总是习惯接收部分信息，而摒弃另一部分信息，这就是知觉的选择性。

造成有效沟通障碍的诸多原因中，有个人原因和人际原因。个人原因又有以下几种情况：第一，人们对人、对事的态度、观点和信念不同造成的沟通障碍。知觉选择偏差是指人们有选择地接受，例如，人们在接收信息时，符合自己利益需要又与自己切身利益有关的内容很容易接受，而对自己不利或可能损害自己利益的则不容易接受。第二，个人的个性特征差异引起的沟通障碍。在组织内部的信息沟通中，个人的性格、气质、态度、情绪、兴趣等差别，都可能引起信息沟通的障碍。第三，语言表达、交流和理解造成的沟通障碍。同样的词汇对不同的人来说含义是不一样的。客户常常有不同的背景，有着不同的说话方式和风格，对同样的事物有着不一样的理解，这些都造成了沟通的障碍。而人际原因主要包括沟通双方的相互信任程度和相似程度。

沟通是发送者与接收者之间"给"与"受"的过程。信息传递不是单方面，而是双方的事情，因此，沟通双方的诚意和相互信任至关重要。在沟通中，当面对来源不同的同一信息时，人们最可能相信他们认为最值得信任的那个信息来源。客户与接待人员之间的猜疑只会增加抵触情绪，减少坦率交谈的机会，双方也就不可能进行有效沟通。沟通的准确性与沟通双方间的相似性也有着直接的关系。沟通双方的特征，包括性别、年龄、智力、种族、社会地位、兴趣、价值观、能力等相似性越大，沟通的效果也会越好。另外，信息传递者在组织中的地位、信息传递链、团体规模等结构因素也都影响了有效沟通。许多研究表明，地位的高低对沟通的方向和频率有很大的影响。例如，人们一般愿意与地位较高的人沟通。地位悬殊越大，信息就越趋向于从地位高的人向地位低的人传递。信息传递层次越多，它到达目的地的时间也越长，信息失真率则越大，越不利于沟通。

【案例1】

场景：李宇是某汽车特约维修中心的客户经理，在最近一段时间，他通过电话回访进行客户满意度的调查。今天早上他一到公司，就开始了电话回访。

"是王刚吗？"

"我是，哪位？"

"我是某汽车特约维修中心的。"

"有事吗？"

"是这样，我们在做一个客户满意度的调查，想听听您的意见。"

"我现在不太方便。"

"没有关系，用不了您多长时间。"

"我现在还在睡觉，您晚点儿打过来好吗？"

"我待会儿也要出去啊，再说这都几点了，您还睡觉啊，这个习惯可不好啊，我得提醒您。"

"我用得着你提醒吗？你两小时后再打过来。"

"您还是现在听我说吧，这对您很重要，要不然您可别怪我。"客户挂断。

【案例2】

场景：李宇是某汽车特约维修中心的客户经理，在最近一段时间，他通过电话回访进行客户满意度的调查。今天早上他一到公司，就开始了电话回访。

"您好，请问是王刚先生吗？"

"我是，哪位？"

"您好，我是某汽车特约维修中心的客户经理，我叫李宇。"

"有事吗？"

"是这样，您是我们公司的老客户，为了能为您提供更好的服务，我们现在在做一个客户满意度的调查，想听取一下您的意见，您现在方便吗？"

"我现在不太方便。"

"噢，对不起，影响您工作了。"

"没有关系。"

"那您看您什么时候方便呢，我到时候再给您打过来。"

"噢，您中午再打吧。"

"噢，那不会影响您吃饭吗？"

"您十二点半打过来就可以了。"

"好的，那我就十二点半打给您，谢谢您，再见！"

【案例点评】

第一个回访是比较差的，因为李宇在提问语气的使用上就有问题，更何况他没有考虑客户的当时情况，没有站在客户的角度上思考问题，从而导致回访没能达到预期的效果，也给客户留下了十分不好的印象。

第二个回访是比较成功的，因为李宇运用了一些技巧，先站在客户的角度思考问题，给客户留下了比较好的印象，因此在下次回访时肯定能得到预期的效果。

4.2 有效沟通的原则

美国著名的公共关系专家特立普、森特在他们合著的、被誉为"公关圣经"的著作《有效的公共关系》中提出了有效沟通的"7C原则"。

（1）Credibility：可信赖性，即建立对传播者的信赖。

（2）Context：一致性（又译为情境架构），指传播须与环境（物质、社会、心理、时间环境等）相协调。

（3）Content：内容的可接受性，指传播内容须与受众有关、必须能引起他们的兴趣、满足他们的需要。

（4）Clarity：表达的明确性，指信息的组织形式应该简洁明了，易于公众接受。

（5）Channels：渠道的多样性，指应该有针对性地运用传播媒介以达到向目标公众传播信息的作用。

（6）Continuity and consistency：持续性与连贯性，即沟通是一个没有终点的过程，要达到渗透的目的,必须对信息进行重复,但又须在重复中不断补充新的内容,这一过程应该持续地坚持下去。

(7) Capability of audience:受众能力的差异性,即沟通必须考虑沟通对象能力的差异(包括注意能力、理解能力、接受能力和行为能力),采取不同方法实施传播才能使传播易为受众理解和接受。

上述"7C 原则"基本涵盖了沟通的主要环节,涉及传播学中的控制分析、内容分析、媒介分析、受众分析、效果分析、反馈分析等主要内容。这些有效沟通的基本原则,对人际沟通来说同样具有不可忽视的指导意义。

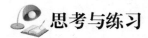

思考与练习

一、简答题

1. 沟通的含义是什么?
2. 沟通的作用与意义是什么?
3. 沟通过程的八要素是什么?
4. 沟通的种类包含了哪些内容?

二、论述题

1. 在现实生活中,沟通的障碍包括哪些?
2. 如何在现实工作中有效运用沟通的原则?

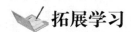

拓展学习

如何提升沟通技巧

在与人交流时,要求我们巧妙地听和说,而不是无所顾忌地谈话,而与那些充满畏惧的人、怒火中烧的人或是遭受挫折的人交流就更难了,因为在这些情绪的控制下,我们会更加束手无策。但无论是在家里或是工作中,不要对自己在沟通上的障碍感到绝望甚至是放弃与人沟通,再好的交流高手也是一点一点磨炼出来的。这里我们给大家提供了一些提升沟通技巧小秘诀以供参考。

(1)即使对方看上去是在对你发脾气,也不要还击。别人的情绪或是反应很可能和你一样是由于畏惧或是受到挫败而造成的。这时,你做一个深呼吸,然后默默地从 1 数到 10,让对方尽情发泄情绪,直至他愿意说出他真正在想的是什么。

(2)你不必知道所有的答案,说"我不知道"也是很好的。如果你想知道什么就说出来,然后说出你的想法,或者你愿意与对方一起找出问题的答案。

(3)对事实或感受做正面反应,不要有抵触情绪。例如,说:"多告诉我一些你所关心的事"或是"我了解你的失落",总比说:"喂,我正在工作"或"这不是我分内的事"(这很容易激怒对方)要好。掌握好每一次的交流机会,因为很多时候你可能因为小小的心不在焉而导致你与别人的疏远。

(4)学会倾听。好多人认为他们的听力很好,但事实是大多数的人根本就没听——他们只是说,并且想下一步该说什么。倾听意味着排除杂念、提出好的问题,如果有人话里带刺,经常是因为他的心里隐藏着恐惧,他们想要你做的只是真实、友好的交谈。

(5)比起你的想法,人们更想听到你是否赞同他们的意见。好多人在抱怨人们不听他们说话,但是他们忘了自己本身也没有听别人讲话!你可以给出你的全部意见,以表示出你在倾听,并像这样说:

①"告诉我更多你所关心的事。"
②"你所关心的某某事是怎么回事啊?"
③"我对你刚才说的很感兴趣,你能告诉我是什么使得你如此相信它的吗?"
④"你为什么对某某事感到如此满意呢?"

(6)请记住,对于别人说的话,我们在理解时可能会产生偏差。我们个人的分析、假设、判断和信仰可能会歪曲我们听到的事实。因此,为了确保你能真正了解对方的意思,重说一遍你听到的、你的想法并问:"我的理解恰当吗?"如果你对某人说的话有情绪反应,就直接说出来,并询问更多的信息:"我可能没有完全理解你的话,我以我自己的方式来理解的,我想你所说的就是某某的意思吧?"

(7)坦白承认你所带来的麻烦和失误。做事要承诺一个期限,如果你需要别人的协助,就用你的活力影响他们。例如,如果你要更新某人的电脑,并要在他的办公室工作,你可以说:"我知道在这个不方便的时间打扰你很不礼貌,但我将感激您的合作。我们的维修工作可以使您的工作系统恢复正常,我们将会在下午3点到您那里去,5点就会结束工作。"

(8)如果没人问你,就不要指指点点。明知道说出来会对某人有好处的事但又不能随意说,真是会令人挠头。这时,可用婉转的表达方式,像"有可能是……"或"我也遇到过这种相似的状况,如果按照……就可以帮助解决,你要是认为有用的话,我愿意与你分享更多我的经验。"以上这些总比说:"你应该怎么样"好得多。

(9)求同存异。你们两个人共同喜欢的是什么(尽可能不产生分歧)?把你的意见说出来以找出共同点。例如,"我认为这个计划可以使你取得成功。"

(10)请记住,改变会给人以压力。用你的热情影响你的雇员,他们就不会改变和失控。在如今的世界里,这可以使我们平庸的生活变得更温馨。所以,如果你在某人的周围,或者你需要他为你做什么,尽可能地告诉他,你在什么时候需要什么帮助。如果可能的话,告诉他你也想帮助他。

(11)思维活跃,精力集中。我们看问题的角度总是从自己出发,或是根据环境给出我们的经验。很多被认为是成功人士的人们,他们都有积极正面的思想。因此,也常问问你自己:"这个东西好在哪?"或"从这里我能学到什么?"以此来保持积极的状态。别忘了要采取不同的减压方法来使你的工作更愉快。

(12)大多数的人,包括你自己,都会以自我为中心。这也不是件坏事,这使得我们可以保护自己。不要假设谁会知道你的私心,把对你来说是最重要的事说出来,也问问别人什么对他们来说是最重要的,这会给你们的沟通打下良好的基础。

学习单元 2　语言沟通技巧的运用

学习目标

1. 理解语言沟通的特性；
2. 掌握塑造专业声音的方法；
3. 领会语言沟通的技巧；
4. 分析描述提问的技巧；
5. 掌握电话沟通的常用方法。

学习时间

8 学时。

1. 概述

1.1　沟通与语言沟通

1.1.1　沟通的必要性

沟通是人与人之间通过语言、文字、符号或其他表现形式进行信息传递和交换的过程。简单地说，沟通就是交流观点和看法，寻求共识，消除隔阂，谋求一致。由此可见，沟是手段，通是目的。在现实生活中，许许多多的不愉快、不顺畅、难堪、挫折、失败、不幸，均与缺乏沟通或沟通不成功有关系。英国学者帕金森有一个著名的帕金森定律——"因为未能沟通而造成的真空，将很快充满谣言、误解、废话与毒药。"在一个环境中，只要不再是一个人，那么经常性的沟通和交流就往往成为必须要做的事情。

1.1.2　什么是语言沟通

语言沟通是人际沟通的主要形式，指人与人之间以语言为媒介，彼此交流思想、感情和知识等信息的沟通方式。人们利用语言交流信息时，只要参与交流的各方对情境的理解高度一致，交流内容所包含的信息就损失得少，特别是语言沟通伴随着合适的副语言和其他非语言手段时，更能完美地传达信息。语言沟通是人际沟通的主要形式，如图 2-1 所示。

1.2 语言沟通的功能

1.2.1 满足社会性的需求

社会性是人的基本属性,社会学家马斯洛认为社会性的需求是人的基本需求之一,而人的社会性又是通过类似的语言、生活与文化维系的,语言沟通在其中发挥着不可替代的基础性作用。

1.2.2 促进自我了解,发展自我概念

他人是自我了解的主要来源之一,因为他人就像镜子一样,当自我和他人互动时,可以从他人的反应或反馈中,发展出清晰、正确的自我画像。

图2-1 语言沟通是人际沟通的主要形式

1.2.3 促进个人成长

个人成长只靠自己的学习是不够的,还要向他人学习、与他人讨论,"三人行,必有我师焉"说的正是这个道理。通过语言沟通,与他人在一起多听、多看、多讨论、多学习,必能促进个人的成长。

1.2.4 甘苦与共并提供帮助

与朋友分享的欢乐是加倍的快乐,有朋友分担的痛苦是减半的痛苦。也就是说,将个人的成就、荣耀、快乐与自己的朋友分享,自己就会感到更喜悦、更有意义与价值;当个人有痛苦时,如果有家人或朋友在身边安慰、鼓励或协助,自己就不会感到孤单、无助,也就容易恢复信心,从而增添了从失败、痛苦中再站起来的勇气。

1.2.5 促进身心健康

良好的人际关系对个人生理与心理健康都有很大的帮助。很多医学研究都发现,积极、支持性的人际关系会使人长寿,提高肌体免疫力,减少患病的几率和帮助疾病的复原。反之,如果一个人没人理会、没人爱或者被放弃、疏远等,他就会感到焦虑、沮丧、挫折、失望、自贬,产生心理的失落和创伤。

1.3 语言沟通的用途与目的

语言沟通的用途与目的是根据具体的场景、状况和人物等方面来区别的,主要包括以下几点:

(1)控制。此时指令性的语言比较多,通常是父母对孩子进行教育,以及上级对下级进行工作指挥。

(2)指导。此时的语言比较缓和,带有一定的引导性,生活中比较典型的场景是教师指导学生。

(3)激励。这是非常重要的语言沟通,在生活和工作中都非常需要。

(4)决策。很多决策主要是通过语言沟通达成的。

(5)反馈。语言沟通是人们互相反馈的主要形式。

(6)评价。语言是大多数人非常在意的一种评价方式。

(7)信息交流。语言沟通是非常直接和方便的信息交流方式。

1.4 语言沟通的特点

1.4.1 语言沟通的动态性

在人际沟通中,沟通双方都有各自的动机、目的和立场,都设想和判定自己发出的信息会得到什么样的回答。因此,沟通的双方都处于积极主动的状态,在沟通过程中,发生的不是简单的信息运动,而是信息的积极交流和理解。

1.4.2 语言沟通的复杂性

人际沟通借助语言和非语言两类符号,这两类符号往往被同时使用,二者可能一致,也可能矛盾。

1.4.3 语言沟通的因果性

人际沟通是一种动态系统,沟通的双方都处于不断地相互作用中,刺激与反应互为因果。

1.4.4 语言沟通的一致性

在人际沟通中,沟通的双方应有统一的或近似的编码系统和译码系统。这不仅指双方应有相同的词汇和语法体系,而且要对语义有相同的理解。

1.5 语言沟通的过程

1.5.1 日常生活中的沟通过程

(1)观仪表、初判断。个人仪表和他的工作、地位、性格、习惯和喜好通常有较强的相关性。

(2)观察与寻找话题。

(3)注意倾听。没有听就无法形成沟通。

(4)反馈。及时反馈是语言沟通不断持续并且提升效果的纽带。

(5)无声语言与沟通。非语言信息的重要性不可忽略。

(6)沟通结束。

1.5.2 工作中的沟通过程

(1)确定沟通的目的。这是沟通成功的基础。

(2)沟通准备。这是沟通成功的保证,包括了解沟通对象的情况,明确联系时间和地点、沟通的困难程度,做好物质、心理准备等。

(3)沟通开始。结合沟通双方的关系、文化背景、年龄、性别等特征开始沟通。

(4)沟通的控制。合理地控制是达到沟通目的的保证,包括关注(点头、微笑、目光接触等)、反馈(释义、反馈感受、对沟通对象的表述小结等)、转移注意力(抽烟、加水等)、追问等。

(5)沟通结束。当沟通的目标或阶段目标达成时,可以考虑结束沟通,有必要时可预约下一次会谈。

2. 语言沟通的能力基础

2.1 不断提升自我综合修养

改善语言沟通能力的主要方式就是改变每个人自己。为了更好地理解这一点,我们不妨先来看则小故事。

从前,美国有一位牧师,他在一个星期六的早晨起床后,正为自己要在十分困难的情况下进行唠叨的布道而发愁。当时他的太太出去买东西了,天空正下着雨,他的小儿子又吵闹不休,令人心烦。后来,这位牧师在无可奈何的情况下,捡起一本旧杂志,一页一页地翻阅,翻到有一幅色彩鲜艳的大图画——世界地图时,他就从那本杂志中撕下这一页,然后再将其撕成很小的碎片,扔到地板上,并对他的小儿子说:"小约翰,假如你能够把这些碎片拼起来,我就给你 25 美分。"牧师以为这件事会使他的小儿子花上大半个上午的时间,可是不到 10 分钟,就有人敲他的房门,是他的儿子抱着拼好的地图进来了。牧师非常惊讶地看着这份准确无误的世界地图,便问:"孩子,你是怎样这么快就完成这件事的?"小约翰说:"这非常容易,在地图的另外一面有一个人的照片,我就把这个人的照片拼到一起,然后把它翻过来。我想如果这个人是正确的话,这个世界也就是正确的。"这位牧师终于笑了起来,给了他儿子 25 美分,并且说:"你也替我准备了明天的讲道。假如一个人是正确的,他的世界也就会是正确的。"

这则故事给予我们的启发是,如果一个人想改变他的世界,首先他应该改变自己;如果他是正确的,他的世界也会是正确的。

2.1.1 认识自己

每个人都有着不同的风格,而不同的风格决定了他在处事中采取不同的态度和方法。但作为沟通的主体,我们要想使自己的风格帮助自己达到沟通的目标,就必须对自己的处世风格有清醒和客观的认识,以便在沟通的过程中扬长避短。

相关研究将交谈者的风格划分为监管型、历史学家型、人道主义者型、自由思想者型四种类型,这可以帮助我们认识自己的风格特点和沟通方式,四种类型如下所示。

1) 监管型

特点:对规定的内容感兴趣,注意范围简单,捕捉信息迅速。

沟通方式:呈现核心结论列表,忽略所有背景信息。

2) 历史学家型

特点:喜欢了解事物发展的全部过程和细节,希望别人给他一个彻底的分析和背景信息,希望信息以线性方式呈现。

沟通方式:不喜欢跳跃式思维,希望彻底了解事物后再决策。

3) 人道主义者型

特点:希望每个人快乐,非常关心别人的感受。

沟通方式:充分考虑每个人的建议,在获得充分共识后再行动。

4) 自由思想者型

特点:富于创造性和宏图大略,喜欢考虑多种办事方式,不善于执行。

沟通方式:喜欢吸收新思想,决策前会考虑多种方式,随时准备应对变化。

2.1.2 塑造自己

塑造自己通常分两方面的内容:外在和内在。外在更注重形象塑造,包括举止、语调、仪容、说话方式等内容;内在则强调人格魅力,即由人格的内在品质通过外在的形式表现出来的、对他人的影响和号召力。当一个人成为有魅力的人时,他的语言总是会成为别人倾听的焦点,而真正的魅力主要来源于下面这些美德:一是心胸豁达,能够容尽天下难容之事;二是幽默,这是自信与才智的体现;三是微笑,能够春风化雨。

2.2 加深对语言沟通的再认识

要不断体会与深入理解语言沟通的相关内容,这对语言沟通有效性的提升以及语言沟通的形式与目的能有更清晰的感悟与认识,从而使自己真正掌握语言沟通这门艺术。

(1)声音在电话沟通中具有极其重要地位。通常客服代表声音的优美程度应该是高于普通人群的平均值。为了提高语言交流的素质,常常需要对客服代表在声音质量方面加以训练。

在声音塑造的几个方面中,声音缺乏抑扬顿挫常常是一大问题。不少呼叫中心的服务就像典型的查号台,客服代表们保持一种单一声调,让人无法从这一接触点感到企业对每个客户的欢迎与重视。当然,作为客服代表有一定的苦衷:第一,不断重复;第二,面对的客户太多,常常又要说同样的话,时间一长就丧失了热情;第三,你有给定的脚本,照本宣科常常使你变得很机械;第四,因为不是面对面交流,所以缺乏对方的表情反馈也会导致你的茫然。克服以上问题的方法有:首先,想象对方是坐在你对面的一个具体形象,在沟通时,是和这个形象交谈而不是电话交谈;其次,合理安排工作程序,特别是你既要呼出又要接入电话时,可以将呼出与接入穿插进行,减少大量连续重复的工作;再次,认准一些关键词适当提高语调以表示强调;最后,如果你的给定脚本写得很差劲,向你的主管提一些改进建议。很多企业的脚本不是由受过专门训练的人员来写的,写出的东西自然是一些很难有生动表达的文字堆积,你需要通过声音表现出热情与自信。一个温和、友好、坦诚的声音能使对方放松,增加信任感,降低心理屏障。问候语应当是表示你热情的第一步,很多公司用IVR(互动式语音应答)放置设计低劣的语音菜单与工号,然后由客服代表说一声"请讲"。这样两个字很难把热情完美地展现出来。在沟通过程中,通常要求"三段式",如"早上好!我是×××,很高兴为您服务。"若没有自动语音问候在先,则是"四段式",如"您好!××汽车服务公司,我是×××,请问今天我能为您做什么?"你的热情在这样的问候中才有表现空间,给客户留下很好的第一印象后,客户才会有进一步沟通的兴趣。

热情的展现通常和笑容连在一起。如果你还没有形成自然的微笑习惯,试着自我练习。将电话铃声作为开始信号,只要铃声一响,微笑就开始。也可以照着镜子,练习在每次微笑时,能露出至少八颗牙齿。如果你的微笑能一直伴随着你与客户的对话,你的声音会显得热情、自信。

(2)语速是另一个要掌握的方面。你平时的语速或快或慢,但不能因此而给自己找借口。太快和太慢的语速都会给客户带来各种负面的感觉。太快会感觉你是一个典型的推销者,太慢会使对方感到不耐烦,从而早早地和你说再见。语速掌握中还应注意"匹配",即对快语速的客户或慢语速的客户都应试图接近他们的语速。当然语速还要根据内容而调整,若谈到一些客户可能不很清楚或对其特别重要的内容时,可适当放慢语速,以给客户时间思考理解。

(3)保持一个适当的音量使你和客户都不会感到太疲劳。音量微弱就将与客户之间的距离拉远了,当客户几次要求你"请大声一点儿"时,你知道他和企业继续做生意的机会又减少了许多。当然声音太大除了让人耳朵感到不适外,还会带进很多诸如你的喘气声、键入声等杂音。另外,耳麦的准确位置也是需要注意测试的。

图2-2 语调是专业声音的因素

(4)音高(语调)是一个比较难调节的因素,很多时候是由个人先天的声带特质决定的。在沟通过程中,尽可能使你的坐姿舒适,呼吸平稳,头不要抬得太高或压得太低,试图练习让你的自然音落在音高的中间段,以便根据表达内容适当升高或降低。适当的练习可以使音高趋于适中。可能引起客户不完美感觉的是性别声高互置——男性的自然声音尖细而女性的自然声音粗犷。图2-2为语调是专业声音的因素。

(5)音准是客服代表的另一项基本素质。调查显示,当客户没有听清楚时,他们多数时候不会要求客服代表重复,这就要求客服代表在电话沟通过程中咬字要清楚,不要含混不清,也不要有嚼口香糖、喝茶、不断变换姿势找东西等动作。同时适当提问,以确保客户清楚,如:"您能听清楚吗?"或"您理解我的意思吗?"塑造专业的声音还有一些其他的技巧。如在引出客户具体受益前作一停顿以引起客户的兴趣,对客户受益用重音表达,在句子结束时,不要拉长尾音以避免造成还有下文的误解。

同其他技巧一样,好的客服代表会针对自己的情况不断改进。一个简单的训练方法是听名家演讲、广播等,倾听专业人士用什么样的声音对不同的听众表达意思,增强沟通。你可将自己与客户的对话录下来,按照上述的这些原则,对照范本(你的主管、培训师都应是这方面的标杆)找出问题,然后不断琢磨、练习,以此来提高自己在发音、音量、语速和感染力等方面的水平。让更多的人欣赏你的优美声音。

3.语言沟通技巧

语言是人与人沟通的直接桥梁,谁都会说话,但会说话不等于可以与人沟通,如何做到延续交谈和令人乐意与我们倾谈也是一种挑战,个中自有其技巧。以下将展开话题前、展开话题及维持话题的技巧进行逐一介绍。

(1)展开话题前需注意的地方。展开话题前注意一下对方的行为态度,这通常会给我们一些提示,知道这是不是个展开交谈的好机会。正面的提示包括对方有眼神接触、微笑、自然的面部表情;负面的提示则包括对方正在忙于某些事情、正与别人详谈中、正赶往别处。当然,我们自己也得同样发出正面的提示。例如,要主动跟别人打招呼,说声你好加上微笑以示友好,这样很容易取得别人的好感及留下好印象,从而方便展开话题;也可以采用邀请式,例如,"你今天看来容光焕发哦!"也可以采用问题式,例如,"你最近忙吗?"

展开话题可以从以下几方面出发,可简单透露自己的感受或近况,例如,"我近来维修服务工作量比较大,常常要加班到晚上。"也可以从对方身上发掘话题,衣着外表首饰等都是题材,例如,"你这件外套真好看,是在那里买的呢?"另外,结合当时环境或流行话题也可发展话题,例如,"呀!最近天气凉了许多,真要穿件衣服……"有时简单适当的说话便可把大家的关系拉近,例如,简单地问候对方:"你最近怎样呀?""孩子长得多可爱!"若我们不想多作交谈,也可以在倾谈中作出负面提示,如起身走开、眼向下望或四处张望、不会主动提问或提出任何新话题。

不同的人可能会有不同的提示方式,以上未必绝对正确,唯有通过不断尝试才能加强甄别提示的能力。在展开话题时,若发现真的不投机或言谈乏味,或对方对你没兴趣,则不宜勉强维持下去,但仍要有礼地离开。

(2)维持话题技巧。话匣子打开了后,可以运用漫谈资料法、自我揭示法及共同兴趣法来维持话题,也要适当地转换话题。

①所谓漫谈资料法,是指在回答问题时多透露点儿漫谈资料,使对方能发掘更多话题,否则谈话便变得枯燥无味,如"我们公司常年举行服务优惠活动,我们都已经快忙不过来了。"另一方面,我们也应小心留意对方透露的漫谈资料,以便发掘更多话题,如"没有想到你对汽车也非常了解,你做的是什么工作呀?"

②也可采用自我揭示法。自我揭示法即透露自己的资料,这种做法可以帮助对方更了解自己,并为对方提供谈话题材,达到平衡彼此谈话内容的目的。但注意自我揭示需与对话内容有关,不宜多或太长,视对方反应而定。内容可分三个层次,与谈论话题有关的经验、自己对讨论事项的意见、自己对分享事件中的感受。例如:

服务顾问:"这次'十一'长假你上哪里去玩了?"

客户:"到××去了,待了四五天。"

服务顾问:"哦!我也早就想去,听说路况也非常好,真想去感受一下大海。"

客户:"呵呵!是的,路况非常好,非常值得去!"

③找出共同兴趣及话题与人交谈时,可于漫谈之中,找出共同的兴趣及话题,有助维持话题。例如:

服务顾问:"我昨天开车带家人去了海洋公园,十分好玩。"

客户:"我也去过,开着我那辆SUV,很喜欢那个地方,特别是我的孩子,都不想走了。"

在谈论中,细心聆听,注意反应,留意自己及对方是否对谈论中的话题已再没有兴趣。自己是否很努力继续这个谈话内容,或对方要停很久才有回应。如有需要可利用漫谈资料法来转换话题。

例如,"我听你刚才讲到你开着你的SUV去海洋公园,看来你也很喜欢这类车型啊。"多注意对方谈话中重要字眼,并将一些有关资料记下,适当时候有助于转换话题。也可运用如何打开话匣的技巧重新展开话题。

除了在话题方面着手外,在谈论过程中也需要注意以下方面:平衡彼此谈话的内容,无论以漫谈资料法或自我揭示法增加谈话的机会,都需避免一方讲得太多或太少。一般情况下,较平均的参与会使双方的交谈较自然,除非对对方的演说你亦乐于聆听。

(3)在维持谈话时,也应注意聆听和回应。如果能明白对方感受和话语背后的含意时,对方更喜欢和你倾谈,即能够促进彼此了解,所以聆听及回应技巧亦十分重要。

①聆听技巧。集中注意,不要魂游太虚,保持对谈话的专注和聆听,这时,不用努力寻找话题,或担心下一步要说些什么,我们只管细心聆听,掌握对方的说话内容、事件、意见等,因为当我们在努力寻找话题时,便不能细心聆听,也许就错过了一些重要的资料和字眼。留意隐藏的说话,人与人之间的说话有时不很直接,有些资料是隐藏的,我们耳朵和脑筋都要一起活动,找出隐藏的含意。在漫谈资料中,留意对方说话时的内容及语气,可能会帮助你了

解对方感受或言外之意。例如,"我今天忙得要命,跑了大半天。"这可能代表对方要坐下来和你谈话,也可能表示很累,不想和你交谈,那便要留心他的身体语言,以对他要表达的意思进行判断,并且要保持有效记忆。在我们静心聆听之时,把对方的一些重要字眼和资料记下来,之后便可作回应。

②回应技巧。在谈话过程中,时常要简单总结陈述对方观点,并表达自己和对方相同的感受,还可以运用肢体语言表达对对方心情的理解。

(4)结束话题技巧。准备离开的信息,当谈话停顿得太久或双方感到想结束话题时,就应当用到结束话题技巧。首先要发出准备离开的信息,例如,"我也差不多时候要走啦,我要去领个工具。"当发出准备离开的信息后,通常可提出再联络的表示,例如,"我再 call 你,下次去喝茶呀!"也可以直接表示,"与你谈话很开心,下星期有时间再聊呀!"如有需要,可简单总结内容。但一般的社交闲谈,这不大重要,过分着意反为不美,一两句话就足够了。例如,"现在才知大家都是车迷,改日一定找你再畅谈一番。"

4. 正确提问的九种技巧

在沟通过程中,最具价值的一项技能就是如何了解客户的需求以及我们如何针对客户的疑虑进行产品解说。事实上这项技术已经被很多的客服人员所使用并验证成功,这就是如何提问题。只有在我们了解客户时,我们才能解决问题。因此,正确提问将对我们成交起着决定性的作用。

4.1 开放型的问题

什么是开放型的问题,举个例子,问:"你好吗?"答:"很好!"我问他的是身体好?工作好?亲戚好?朋友好?收入好?还是感情好?他不知道我到底问他哪一个好。他说"很好",我当然也不知道他哪里很好。这种问题就是开放式的问题,就是问得很广泛。"最近怎么样"诸如此类的问题通常得到的也是泛泛的信息,一般在还不太了解客户情况的时候,我们使用这种提问方式,在得到客户的信息之后,我们就可以提出相对有针对性的问题。

4.2 特定型的问题

例如:
"你最近在做些什么?"
"处理上次的车辆外出服务问题!"
以上例子就是问了同事一个特定的问题,就是他最近在做什么?他说他在做服务处理。至于他在做什么方面的服务,他说是关于外出服务方面的。另外再举一个例子,"昨天你与哪位客服代表谈的这个问题?"在电话中也可以问:"昨天你跟谁谈到了这个问题?"特定型的问题就是必须有特定性答案的问题。

4.3 选择式的问题

选择式的问题或者说是二选一的问题,可以限定客户的注意力,要求客户在限定范围内作出选择,让自己而不是让客户掌握主动权。

比如说:"我会告诉维修人员,是让他给你回电话还是我现在给你做点儿什么?"让客户作出选择,是让维修人员给你回电话比较好?还是我现在给你做点儿什么比较好?这一点,我们每一个客服在工作中都用得非常多。例如,

"你好,你已经确认了这次车辆的维修项目了,是不是?"

"是。"

"好的,我不知道你什么时候方便,是今天下午开始维修,还明天下午的配件到位时候维修好呢?你看是今天下午还是明天下午,你比较方便?"

"任何时间都可以。"

客服问了客户一个二选一的问题,客户给的回答表示任何一个时间都可以。这时可以继续追问他一个问题:

"那今天下午3:00好不好?"

"好的。"

客服又问了客户一个二选一的问题,客户回答什么时间都可以,表示是开放的被选择。这时客服掌握了主动,就可以选择一个适合的时间,所以就问"那今天下午3:00好不好?"而客户只有答应要求,别无选择,因为他已经作出了承诺。

4.4 引导型的问题

工作中常听到许多问题是引导型的问题。例如,"我想这样非常好,那么你是否愿意一个月之后收到这些资料呢?"引导性的问题里面有一个技巧,先陈述一个事实,利用一种话术,做一个预先的框式。预先的框式有什么作用呢?就是用这个框把听者框住。例如,"你看今天晚上的培训到这个时间会非常的合适,因为这会帮助大家做最好的休息,食用更好的晚餐,能为明天储备更好的精力。所以,我们现在下课会比今天晚上学到九十点效果更好,因为我们只有充分休息,学习效果才会更好!各位,你们说是不是?"一个预先的框式,会引导客户作出我们想要的回答。

4.5 推测型的问题

什么叫推测型的问题?在电话沟通的过程当中,经常会遇到对客户的预测和有意向的推测或者说一种假想进行把握。例如,"你好,我想作为一个很有专业水准的汽车爱好者,在车辆维护上,你一定做得比较好,是吗?我也一直希望能对你的车辆进行一次彻底的维护和检修,这不但是保修规定的要求,也是维持车辆使用性能方面的要求,我不知道我们所罗列的检修检测项目有没有可能会得到你的理解和配合。借用你的汽车专业知识和对车况的了解,可不可以帮助我们完成这次检修检测方案的制订?"如果这样说,我们可能就会得到客户表示同意的回答。这是在汽车前台接待服务中经常碰到的情景,往往客户徘徊于检修到底做还是不做,但是从车辆维护要求上,答案应该是肯定要做的。在这样的情景下,我们可以采用推测式的问题,帮助客户作出正确的决定。首先给出一个推测型的问题,然后再给他一个建议性的问题。我们会发现问话的力量比说话的力量更大,更有强劲的势头。

4.6 反问型的问题

反问型的问题是让对方自己解释反对的理由。

"从这个保修单看来,所有的配件报价都太高了。"

"所有的报价都太高了吗?"("真的是这样吗?")

问一个可能已经成为事实,但是还没有对对方产生影响的问题,可以直接让你们之间形成一种对话的局面。"现在市场上有很多的假冒伪劣配件,价格低廉,质量低劣。使用这样的配件,你会放心吗?"在这里用了一些反问的句式,把他的注意力锁定在跟我沟通的过程中。一个人在跟别人沟通的时候,使用一些问句可以让你掌握主动。假如你已经被动了,可以通过反问型的问题,你就会变为主动了。例如,

"听说你们公司最近是不是有什么优惠?"

"请问先生,您怎么称呼?"

这时,他必须要回答我了,因为我问完之后保持沉默给了他很大的压力。我避而不答他的问答,并且锁定他的注意力在我的问题上,他就在思考回答我的问题了,这样我就立刻掌握主动了。公司的客服经理本来非常善于接电话,有一次却被客户用问句牵着走,打完电话后,客服经理才发现自己忘了用反问句牵制对方,因此无法掌握主动。最后,对方问了我们现在有什么服务优惠?优惠后是什么价格?将来还有什么优惠活动?问完之后,对方说:"以后再打电话给你。"结果他得到了他想了解的东西,但公司的客服经理甚至连对方的电话号码都没能了解到,却让对方对公司做了一个彻底的调查。那天他只是输在没有使用反问型问题的技巧。反问型的问题足以使你掌握主动。

4.7 摘要型的问题

摘要型的问题就是根据客户所讲的话、客户所谈的事情以及客户在整个电话过程中所谈论的重点,从中摘出一段来做问话的方式,也就是将你听到的内容进行摘要,以证明你真的了解客户真正的需求。例如,"你是说你正在寻找一家信誉良好,而且认真负责的服务站来满足您的需求,是吗?"摘要型的问题是在重复对方的讲话,而且再次给他确认,并且作出回应。摘要型的问题,一定要做到非常的准确而且抓住重点,才能得到客户的再次确认。

4.8 装傻型的问题

这是电话高手经常用的一种问题。例如,"喂,您说什么?""喂,话筒不太清楚。""喂,对对,信号不太好。"有一次,客户本来要拒绝我,我就说:"对不起,我刚才什么都没听清楚,信号不太好。要不你过两天再打到我们公司。"其实我已经知道他不想合作了。但为什么打电话?客户是有目的的,他要把自己拒绝的信息通知给你,可是你假装不知道,客户会觉得很焦急,他下一次还会打电话给你。这样你就给自己找到一次跟客户恢复和谈的机会,如果你当场给他回复,他就会认为已经通告给你了,没问题了。有时候,你可以使用一些装傻型的问题,牵住客户,让客户按你的思路去走,而且越走越正确。

4.9 离题型的问题

离题型的问题就是跟他说一些不着边际的问题。比如对方问了你许多问题,你突然说了一句:"你吃晚餐了没有?"他突然被你打断了,我们叫打断思维连接。比如有人跟你吵架,你突然说:"你丢东西了吗?"给对方的感觉是突然打断,"喂,你有没有记得钥匙在哪个车

上?""喂,你的车是不是被别人偷走了?"采用离题型的提问方式往往能摆脱可能陷入的谈话困境,使得谈话内容始终在自己的控制范围,不至于出现对峙、争吵等情况,同时还能使自己保持谦和、礼貌的态度。

5. 电话沟通的常用方法

电话是这个信息社会里人们最常用的沟通工具,由于通话的双方互不见面,全靠声音来沟通,因此,如何使用电话让双方的信息传递更为顺畅,这就需要一定的沟通技巧了。

客服电话是汽车维修服务的一个特殊的窗口,当我们拿起响铃的电话时,对于客户而言,我们就代表公司,在每个电话中,我们都有机会详细了解客户的诉求并向对方提供解决问题的方案并描述公司的形象及我们的服务,同时让对方感到他提出的问题很受重视。

电话服务是一种"聚焦服务",是一种个性化和有针对性的服务方式,是一对一服务模式的典范,通过这种服务方式能满足咨询者的需要并提高咨询者的满意度。无论你自己接电话或是转接电话,都应保持礼貌和积极的态度,做到自始至终在外界树立和维持积极的形象。我们应该寻找学习目标,然后不断实践和自我训练,接听好每一个电话。那么如何接听好电话呢?

把握适当的节奏。听到电话铃响应该尽快接听,而不要故意拖延,接电话时,主动问候、报单位:"您好!××公司!"说完问候语后给对方一个调整的时间,以便对方能接受我们所提供的信息,而不仅仅是听到我们提供的信息。这是良好礼仪的表现,能产生较好的通话效果。在接电话时,要假设来电者就在你的面前,在问候、报单位时,应一气呵成,就好比跟对方见面时的握手。然后稍为停顿,也就是给对方一个调整时间,这相当于握手时摇几摇,没有说话,因此,在接听电话时,也应让对方感受这种"握手"的氛围。

要认识电话接听对解决问题的重要性,来电者会根据每个电话的接听来判断公司的形象,因此,我们每个人都必须关注自己和公司的形象。我们要将服务意识融入电话礼仪当中,以一种服务的态度来接听电话,以一种热情、平和、积极、乐于助人的心态来让对方感到公司是非常乐意和尽力为其提供帮助的。电话礼仪不仅反映了每位接听者的情绪、文化修养和礼貌礼节,同时也反映了整个公司的员工素质。对于一个训练有素的电话接线员,如果铃响两次就拿起话筒,他只说"××单位";如果响三至五声才拿起话筒,他会在"××单位"之前先加上句"让您久等了";如果响了五次以上,就一定再加上一句"很抱歉,让您久等了。"下面就介绍电话沟通的几个常用方法。

(1)接听电话的第一句话。在接听电话时,一般人总是很快会通过和对方的简短接触就给对方的形象下定义,因此,为避免给来电者留下不好的形象,我们必须注意电话接听的前几句话。接听电话中,必须注意使用清晰的语句并控制好语气、音量和说话的速度(最好是中等速度),按照习惯表达的第一句话应该是以积极、热情,乐于助人的态度一气呵成。

(2)电话里的微笑。面部表情的改变会影响声音的变化,所以即使在接听电话中也要笑容可掬,声音自然会把微笑的表情传达给对方。因此,要在通电话时展现你的笑容,首先要认识到每个电话是一个友好的访问,而不是对你私人空间的侵犯。你对待每个电话都必须像对待你最好的朋友,拿起电话时,你就应该面带微笑,用柔和的语气清楚地说:"您好!"或者在接听电话之前就微笑,先笑笑再接电话,以便通过声音让对方感觉到你友好的态度。

（3）注意接电话时的姿态。正确的姿态包括你的站姿或坐姿，同时还要稳稳地握住电话听筒。即使采取坐姿，也要伸直上身，这样有助于语调的提高，更能展现你高雅的神韵。通话时，如遇到不礼貌者也应该稳定情绪，稍安毋躁，以礼相待。

（4）我们能为来电者做什么。不管电话来自公司内部或外部，肯定都是因为有某些方面的需求而打电话的，对方需要我们帮助，我们应尽力而为。接电话者有义务代表本部门或本公司提供帮助，且是尽力提供帮助，这是接电话时应有的积极目的。

（5）如何挂断电话。挂断电话之前要婉转且有礼貌地说结束语："如果您还有什么疑问，欢迎您随时来电咨询！"确定对方已挂断电话后才能放下听筒。——即使是在最后一刻也要给别人留下好印象。

（6）对于骚扰电话。不管你对这种电话有多么讨厌，一定要坚持公司的电话接听原则，要有耐心和礼节，小心应付。

（7）对于客户的投诉电话。当接到此类电话时，不要急于转接其他部门，首先要安抚投诉者的情绪，然后询问其原因，认真倾听投诉者诉说，对于投诉者有疑问的地方应详细解释，消除他的疑虑。给予投诉者心理上的安慰，再提出问题的解决程序或移交其他相关部门。

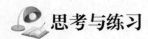

思考与练习

一、简答题

1. 什么是语言沟通？
2. 语言沟通的功能是什么？
3. 语言沟通的特点是什么？
4. 在沟通中，提问的方式有哪些？
5. 电话沟通的常用方法是什么？

二、论述题

1. 结合工作学习实际，谈谈电话沟通中要注意的问题是什么？
2. 对于客户投诉的电话，在语言沟通中应避免的问题是什么？

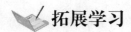

拓展学习

汽车维修服务中沟通的主动性

汽车维修服务是服务于车，更是服务于人。在整个服务过程中，要始终如一地围绕以人为中心，提供优质服务。特别是作为与客户直接沟通的服务人员，要养成一种好习惯，在提供服务产品后，要主动询问客户他们是否感到满意。如果客户有不满之处，最好立即着手解决。这会为维护和拓展客户群体带来很多的好处。

1. 打通与客户的后继沟通渠道

一些服务人员以达成维修服务订单作为与客户沟通的结束,认为自己已经没有与客户保持友好沟通的职责了。或者认为,在订单完成之后,客户也不需要再与服务人员保持任何形式的沟通,如果客户有沟通需要的话,那通常都是因为维修工作出现了问题,而那时应该由专业的维修人员来和客户进行联系。如果认真分析上述情况的原因,不难发现,这些服务人员的种种观点几乎都是建立在"不愿意再惹麻烦"的想法之上。在这些服务人员看来,既然交易已经达成就没有必要再花费时间和精力与那些客户进行交流,那样很容易找麻烦上身,比如听到客户的抱怨等。

这种想法不仅片面,而且没有远见。事实上,很多忠诚的老客户都是通过维修完成之后的有效沟通与服务人员确立持久联系的,那些服务高手们都不会放过在交易完成之后与客户的进一步沟通。在维修完成后,仍然积极主动地关心客户需求,并且努力使他们产生更加愉快的体验,这是打通与客户后继沟通渠道的重要方式,也是建立稳定客户群的最佳方式。

我们之所以如此强调为客户提供良好服务的重要性,是因为这的确可以为服务人员带来十分积极的影响,比如加深客户对你的良好印象,提升产品的影响力,减少客户不满,保持更稳定的客户资源以及借助老客户的口碑有效开发新客户等。

服务人员为客户提供的主动服务可以为公司创造巨大的效益,在实际操作的过程中,服务人员要想取得客户的信任其实一点儿也不难。服务高手们经常采用的服务方式如下:

1) 定期进行电话联系

服务人员可以在维修完成后,定期与客户进行电话联系,这种方法既省时又省力,但是却可以随时让客户感受到你的关心和体贴。在电话中,服务人员可以主动询问客户对维修的意见以及使用车辆的情况,同时还可以了解客户是否又有新的需求。例如,

"您好,××先生,我是×××4S店的客服代表,我今天打电话是想问一下,您在使用车辆过程中觉得有问题吗?您对我们的维修服务有什么意见直接告诉我,您的意见十分宝贵……"

"您好,上次您说感觉到我公司加的发动机机油很不错,现在是不是使用里程到了,如果有需要的话,我们什么时候做好准备,等你来更换机油……"

当然,如果客户在电话中提出了一些相关问题,那么服务人员就要立即着手加以解决,或者寻求企业其他部门的配合,帮助客户解决问题。例如:

"您有哪些问题需要解决吗?如果有问题,我会马上联系客户维修人员帮您解决的……"

"您发现发动机怠速时有熄火现象是吗?正好我要出去,我马上就到您家,请您先不要自行调整……"

有时,服务人员也可以通过电话核实一些情况,以确保客户满意。例如,

"您好,请问今天早上你的车辆维修后,维修人员按时交付给你了吗?"

"××先生,我想知道你的车维修后有没有出现什么问题?"

2) 适机展开客户回访活动

一些企业会针对市场开发进行必要的客户回访活动,而经常主动展开客户回访的服务人员却不多。其实,适机展开客户回访是获得客户积极认可的一种很重要的方式。在对客

户进行回访之前,服务人员最好制订一个针对性较强的回访记录表,这样一来可以显示出你对这次回访的重视;二来也方便客户填写,另外还有助于你更准确地了解客户的意见和需求。

在回访记录表中,服务人员可以设置这样一些栏目:

(1)客户基本信息。主要包括客户的姓名、联系方式等。

(2)客户意见。这是整个回访记录表的核心内容,服务人员可以通过此项内容更准确地掌握客户遇到的问题以及可能产生的不满等。

(3)客户期望。比如客户希望能增加什么样的服务项目或者希望质量上有哪些改进等。这也是回访记录表的重要内容,服务人员可以参照这些内容更充分地了解客户的新需求等。

3)随时告诉客户最新产品动态

服务人员还可以随时告诉客户有关本企业服务优惠的最新动态,以满足客户的信息需求。这样可以方便客户随时掌握相关产品信息,从而更加关注你的最新优惠活动。服务人员可以通过打电话、发邮件、送产品资料等方式来告诉客户服务优惠的最新动态。

2. 勤于向客户表示关切

客户代表为客户提供的售后服务是有一定区别的,企业的售后服务部门通常都是在客户主动寻求帮助时,为客户提供服务的,服务方式一般都表现为车辆的维修和维护等。而服务人员为客户提供的售后服务则更加主动,服务的内容也并不局限于产品自身问题的解决。服务人员对客户的售后服务通常更灵活,更注重客户的心理体验。例如,对客户的需要表示关心,或者只是对客户的心情予以抚慰,或者在特殊的日子里向客户表达问候等。

很多善于与客户进行沟通的服务高手们都很注重在交易完成后对客户表示真诚的关切。一位在服务领域取得突出成就的年轻人就曾经这样总结自己的成功经验:"对于我来说,服务的关键时刻以及我需要做的最重要的工作,是在客户的维修服务工作完成之后。"这位从事服务工作的女士拥有相当稳固的老客户资源,而且这些老客户还经常向她主动介绍一些新客户,所以她几乎不用花太多的时间去开发新客户。她是如何做到这些的呢?让我们看看她的做法:

在维修派工单下达之后,她会马上用电话询问客户在等待期间是否被安排妥当,并且主动询问客户还有哪些问题需要解决。如果客户提出了问题,她会马上通知相关人员帮助解决,并且诚挚地向客户表示关切。维修交车之后,她会经常和客户进行电话联系,或者询问客户车辆的使用情况,或者向客户提供一些优惠信息,或者是在节日期间向客户表示问候等。

除此之外,她还为每一位接待过的客户设计了一份档案,其中包括客户维修的时间、车辆信息,通话的次数和每次通话的内容概要等。她还经常挑选一些具有纪念意义的日子赠送客户一些小礼物,礼物虽然不贵重,可是却表达了她对客户的重视和关心。

对客户表示关切其实并不难,有时候只需要一句贴心的问候,有时候可以送上一些小礼物。做到这一点,对服务人员来说并不是讲究技巧,而是保持一种关心客户的态度和拥有一颗真诚待人的心以及奉献一份愿意为客户服务的勤劳。

3. 尽可能地为客户提供方便

要想使客户在维修完成后对你的服务保持尽可能长时间的青睐,那么服务人员首先应该尽可能地让客户感受到使用和享受产品的种种方便。最基本的工作，如为客户清洁车辆，指导客户正确使用车辆，介绍某些操作技巧等。

要想让客户对产品的体验更深刻、更愉快，当然不是仅仅做到以上基本工作就可以了。那些服务大师们几乎都想方设法地为客户提供更优质的服务，其目的就是与客户建立起高度的信任关系，以使他们追随服务人员，而不是排斥和厌恶。如果客户满意这种额外的服务且服务人员提供的服务确实可以极大地方便客户，而其他竞争对手却做不到这些，那客户在你公司消费的时候就会有种非常愉快的感觉，从而主动成为服务人员的忠诚客户，而且还会介绍更多的新客户前来。

总之，主动对客户进行电话联系或回访，这种方法很简单，但是效果却很明显。要勤于向客户表示关切，不要因为自己的懒惰失去一大批客户。随时告诉客户新的产品信息，让他们一旦有需求时就会首先想到你。主动为客户提供更多的方便，客户得到的好处越多，就会对你越满意，你成功的希望自然越大。

学习单元 3　　非语言沟通技巧的运用

 学习目标

1. 简述非语言沟通的特点；
2. 简述非语言沟通与语言沟通的区别与联系；
3. 简述非语言沟通各种形式的含义；
4. 能够在服务行业中运用服饰与仪态的使用技巧，以帮助工作的完成；
5. 能面对各种不同的客户，利用所学的非语言沟通知识进行情况分析。

 学习时间

10 学时。

1. 概述

所谓"行动胜过承诺"，有时，身体语言比文字和言词更有力量，而肢体语言就是我们常见的沟通方式之一，是我们平时都在自觉或不自觉地使用着的。在人们的日常沟通中，非语言的沟通方式影响力相当大。

要想掌握好非语言沟通的技巧，就要注意两方面技能的培养：一方面是观察对方的非语言信息，另一方面就是适当地发出自己的非语言信息。就前者而言，如果能敏锐地感受他人发出的信号，并且加以适当的回应，则无论在人际关系处理、讨论、谈判及服务销售拜访上，均能帮助我们了解对方的真实意图、情绪，以便适时地采取应对措施，引导出想要的结果，占有优势。就后者而言，如果能熟练地运用肢体语言，就能在沟通中更多、更快地表达自己的信息用意，轻松地促成沟通目的。但是需要指出的是，如同语言一样，身体语言也是文化、风俗、习惯的载体。所以对身体语言的解读，必须结合多方面信息综合判断。必须将所有分散的动作加以组合解读，才能准确、完整地理解身体语言的意义，若把一个姿势与其他的身体动作单独解释，不但难以判断，而且即使得到了判断结果，也往往是靠不住的。

2. 非语言沟通

2.1　非语言沟通的含义

非语言沟通是相对于语言沟通而言，是指通过身体动作、体态、语气语调、空间距离等作为方式进行交流信息、沟通的过程。在沟通过程中，一方面可以用非语言的方式向对方发出信息，另一方面，也可以通过观察对方的身体语言以获取更多、更准确的信息。因为由肢体所展现的"语言"往往能将本人一些未说出口的东西显露出来。

2.2 非语言沟通的类型

非语言方式表达信息，主要有以下几个类型：
(1)动作语言即肢体语言。
(2)面部表情和眼神。
(3)讲话时的音量、语言、声调、重音和持续时间等。
(4)仪容仪表，如衣服、发型、首饰等。
(5)空间距离表达出的信息。

3. 动作语言

动作语言(Body Language)又称肢体语言，是指经由身体的各种动作，从而代替语言借以达到表情达意的一种沟通方式。广义言之，肢体语言包括面部表情在内；狭义言之，肢体语言只包括身体与四肢所表达的意义。由肢体动作表达情绪时，当事人经常并不自知，通常是一个人下意识的举动，所以它很少具有欺骗性。正因如此，心理学家提出如下假设：当你与别人说真话的时候，你的身体将与对方接近；当你与别人说假话的时候，你的身体将离开对方较远。此假设验证的结果发现：如果要求不同受试者，分别与别人陈述明知是编造的假话与正确的事实时，说假说的受试者会不自觉地与对方保持较远的距离，身体向后靠，肢体的活动较少，面部笑容反而增多。关于肢体语言所表达的含义如下所示：

(1)头部姿势：
①侧向一旁——说明对谈话有兴趣。
②挺得笔直——说明对谈判和对话人持中立态度。
③低头——说明对对方的谈话不感兴趣或持否定态度。

(2)肩部姿势：
①舒展——说明有决心和责任感。
②耷拉——说明心情沉重，感到压抑。
③收缩——说明在火头上。
④耸起——说明处在惊恐之中。

同时，动作的辅助有助于加深对方对一个人的印象，如果在特定环境和时机使用则能起到事半功倍的效果。当和朋友在一起的时候可以试试，一起过马路，有意识地走在靠近马路的那面，并稍微作出挡住来车的姿势，就可以让对方会看到你细心和体贴的一面。

(3)歪头。歪头会看起来显得无助和诱人，歪头动作的起源可以追溯到婴儿把头靠在母亲肩头的动作，把头歪向一边暴露出身体上部最脆弱的部分，表示自己没有攻击或者支配的欲望，歪头是理想的示好信号，也是一种讨人喜欢的表现，年轻女性常常使用的另一个与此相关的身体姿势是抬肩，这个动作通常是通过抬肩、扬眉和微笑完成的。

(4)眼睛睁大。有一种让自己魅力十足的方法是睁大眼睛，特别常见于女性，一张杏仁脸、小小的嘴巴、圆嘟嘟的双颊、小巧的鼻子和一双大眼睛,构成了典型的娃娃脸,这些天生的释放性刺激都会让男性产生一种保护婴儿的欲望。

(5)垂头。同上,当你作出这个动作时,眼睛要注视着上方,这时候会使人产生一种视觉错觉,你的眼睛看起来特别大,其原理也是对娃娃脸的保护欲。同时,低头会令自己更值得同情,另外女性在作出这个动作的时候往往还与屈服、顺从联系在一起。

(6)侧向观测。把头偏过去看别人,只是用目光表示接受对方的靠近,而目光的左顾右盼则意味着逃避。

当然,任何肢体语言都是不经意的,它们的发生也有很多原因,可能他(她)抚摸头发只是因为不想被挡住视线,总之所有这些都是一个参考,如果想要作出正确的判断,还需要从当时的整体环境来把握。

3.1 手的肢体语言技巧

"能说会道"的双手除了可以抓住听众注意力,使听众能够沿着讲者的思路去理解,与此同时,又能帮助我们进行表达的补充。

(1)在耳朵部位搔痒或轻揉耳朵——说明对方已不想再听你说下去。
(2)用手指轻轻触摸脖子——说明对方对你说的持怀疑或不同意态度。
(3)把手放在脑袋后边——说明对方有意辩论。
(4)用手挡住嘴或稍稍触及嘴唇或鼻子——说明对方想隐藏内心的真实想法。
(5)用手指敲击桌子——说明对方无聊或不耐烦(用脚敲击地板同此理)。
(6)用手托腮,直指顶住太阳穴——说明人家在仔细斟酌你说的话。
(7)就是一般用手托腮——说明对方觉得无聊,想放松放松。
(8)轻轻抚摸下巴——说明对方在考虑做决定。
(9)手指握成拳头——说明对方小心谨慎,情绪有些不佳。
(10)手放在腰上——说明对方怀有敌意,随时准备投入行动。

3.2 握手技巧和禁忌

在服务接待时,最常用的见面礼节便是握手礼。握手是交流感情、增进友谊的一种方式。关于握手还有一个小传说:很久以前,人们在路上遇到陌生人时,如果双方均无恶意,会放下手中的东西,伸开自己的一只手,手心朝前,向对方表明自己手中没有武器,两人走近再互相抚摸掌心,以示友好。这一习惯沿袭推广,就成了现在广泛使用的握手礼。但现代的握手礼看似简单,握手的方式却有千差万别,它的顺序为"尊者决定",即当女士、长辈、已婚者、职位高者伸出手之后,男士、晚辈、未婚者、职位低者方可伸手去呼应;若人比较多时,握手顺序是,先主人后客人,先女士后男士,先上级后下级。例如:当只有王先生时,接待人员应主动上前握手,那如果今天是王先生一家人呢? 握手的顺序是:先与王先生的父母握手寒暄,然后是王太太、王先生。

同时,应注意握手的禁忌:握手前应摘掉手套,洗手后应该擦干水渍再握手。切忌与长辈握手时以另一手拍打对方身体部位,也不要一面与对方握手,一面心神不安,目光游移不定。握手要求用右手,在阿拉伯国家及少数西方国家,认为左手是"不洁之手",用左手握手是对对方的一种侮辱。见面除了握手礼，还有合十礼、拱手礼、脱帽礼、举手礼、吻手礼、亲吻礼、拥抱礼、鞠躬礼等等。不同民族、不同国家有着截然不同的礼仪习俗和规范，这些都要因人、因场合、因习俗而异，不可乱行礼，以免造成误会和紧张情绪。

4. 面部表情

面部表情是进一步完善肢体语言的精细信息沟通的体语形式。不同人种、不同国籍的人，有一点是共同的，那就是快乐、悲哀、安静、庄严和狂怒等复杂、丰富的面部表情。通过面部表情可以看出一个人的精神生活和心理变化。因此，人的面部通常被当作人的灵魂的一面镜子。个体通过面部表情显示情感，表达对他人的兴趣，显示对某事物的理解，并表明自己的判断。面部表情可表现肯定与否定、接纳与拒绝、积极与消极、强烈与轻微等情感。因而，面部表情是人们运用较多的体语形式之一。人的面部有数十块肌肉，可产生极其丰富的表情，准确传达十种不同的心态和情感。任何一种面部表情都是由面部肌肉整体功能所致，但面部某些特定部位的肌肉对于表达某些特殊情感的作用更为明显。一般来说，表现愉悦的关键部位是嘴、颊、眉、额；表现厌恶的是鼻、颊、嘴；表现哀伤的是眉、额、眼睛及眼睑；表现恐惧的是眼睛和眼神。

（1）眼睛：眼睛是心灵的窗户，能够最直接、最完整、最深刻、最丰富地表现人的精神状态和心理活动。眼睛通常是情感的自发表达，透过眼睛可以判断一个人的心是坦然还是心虚，是诚恳还是伪善：正眼视人，显得坦诚；隐藏视线，显得心虚；乜斜着眼，显得轻佻。通过目光的接触更可以看出一个人的心态与性格的不同：一旦被别人注视而将视线突然移开的人，大多自卑，有相形见拙之感。无法将视线集中在对方身上，并很快收回视线的人，多半属于内向性格，不善交际。听别人讲话时，一面点头，一面却不将视线集中在谈话者身上，表示对来者和话题不感兴趣。眼睛的瞳孔也可以反应人的心理变化：当人看见有趣的或者心中喜爱的东西时，瞳孔就会扩大；而看见不喜欢的或者厌恶的东西，瞳孔就会由大变小。说话时，一定要将视线集中在对方的眼部和面部，这才是真诚的倾听，才能体现出尊重和理解。在人际交往中，目光交流不仅可以相互交换信息、传达彼此的看法，更重要的是能相互之间建立起信任、理解。不同的目光，反映着不同的心理、产生着不同的心理效果。无论是在工作中还是情感中，都可以用眼神作为交流的帮手，可以更快地拉近彼此的距离，让心与心相连。眼神的作用：如果你和对方谈话时，他漫不经心而又出现闭眼姿势，就要知趣暂停，若还想做有效地沟通，那就要主动地随机应变。如果想和别人建立良好的默契，应用60%~70%的时间注视对方，注视的部位是两眼和嘴之间的三角区域，这样信息的传接，会被正确而有效地理解。如果想在交往中，特别是和陌生人的交往中，获取成功，那就要以期待的目光，注视对方的讲话，不卑不亢，只带浅淡的微笑和不时的目光接触，这是常用温和而有效的方式。注意：有人在交际中，喜欢戴太阳镜，即使在室内或阴影下，也不将眼镜摘下，是因为他不愿让别人从自己的眼睛发现秘密。但是，作为服务性人员来说，戴着深色眼镜与人交往，目光不能与客户等同地接触，与服务人员的身份不符，还会造成一些隔阂和不悦。

（2）眉：眉间的肌肉皱纹能够表达人的情感变化。杏眼圆睁表示愤怒、横眉冷对表示敌意、挤眉弄眼表示戏谑、低眉顺眼表示顺从、扬眉吐气表示畅快、眉头舒展表示宽慰、喜上眉梢表示愉悦。

(3) 嘴：嘴部表情主要体现在口形变化上。伤心时嘴角下撇、欢畅时嘴角提升、委屈时撅起嘴巴、惊讶时张口结舌、忿恨时咬牙切齿、忍耐痛苦时咬住下唇。

(4) 鼻：厌恶时耸起鼻子，轻蔑时嗤之以鼻，愤怒时鼻孔张大、鼻翼抖动；紧张时鼻腔收缩，屏气敛气。

5. 语言声调

语言本身可以直接表达人的复杂情感，如果再配合以恰当的声调（如声音的强度、速率、声调、旋律等），就可以更加丰富、生动、完整、准确地表达人的情感状态，展现人的心理变化、情绪状态和性格特征。按照语言声调的不同特点，就可以判断人的情绪状态和性格特征。

悲哀时语速慢，调子低，音域起伏较小，声音显得沉重而机械；激动时声音高且尖，语速快，音域起伏较大，带有颤音；往往措辞语速较快、口误又多的人，被认为地位较低且又紧张；措辞声音响亮、慢条斯理的人，被认为地位较高、怡然得意；措辞结结巴巴、语无伦次的人，缺乏自傲，或者言不由衷；平板的声音被认为冷漠、呆滞和畏缩；女中音和男低音代表暴躁气质；女高音和男高音多属于活泼型的人；急剧的变调对比表达暴躁气质；调子的抑扬委婉显露活泼的天性等等。

判断人的措辞情绪和意向时，不仅要听他说些什么，而且要听他怎样说，即从他措辞声音的高低、强弱、起伏、节奏、音域、转折、速率、腔调和口误中，领会其"言外之意"。语言交谈，能够沟通思想，促进相互了解，语言的声调，使语言本身具有更多的感情色彩，从而揭示出人的思想、感情和意向的巧妙之处。不论什么情感都可以用最具体的语言向对方传达，问题只在于思想是否丰富、语言是否和谐、比方是否恰当、礼貌是否得当、时机是否适当等。

6. 空间礼仪

动物为了保护自己的领地、保护自己的性命，本能地要求拥有一定的自由空间，并视自己占有的"地盘"为势力范围。一旦这一范围遭到异类的侵犯，就必然全力以赴地把入侵者驱逐出去。人类也是这样。人类也要通过警惕、防御、反击等方式来维护自己的空间。空间礼仪产生于人类对领域的占有欲和安全感。在非语言符号系统中，交往空间是一种特殊的无声语言。它是指一个人与另外一个人交往时，会无形中感到彼此间应该有一种距离，才能心定神安。与动物的空间概念的不同点主要在于，人的客观空间范围与主观空间意识都有较大的可变性或可伸缩性，人的生存能力与适应能力比动物更强。每个人都生活在一个有伸缩性的空间范围内，这个范围圈虽然是无形的，但它却像一个气球，不允许、不喜欢他人随意侵犯或突破。空间语言是人类利用空间来表达某种思想信息的一门社会语言，早在古希腊时期，先哲们就悟出空间是物质存在的形式之一。作为人类物质活动——人际交往的艺术，当然也不乏空间语言的奥秘。所谓的个人空间（personal space）是指：与人际距离相似的另一现象，个人为了保持其心理上的安全感受，会不自觉地与别人保持相当距离，甚至企图在其周围划出一片属于自己的空间，不希望别人入侵。在图书馆或公共场所内，经常看到很多人，自己坐一个位子之外，企图再以携带的物品占据左右两边的空座位。此时，肢体语言所表达的是一种防卫，防卫外人侵入其个人空间时带来不安的情绪，这时我们可注意观察他的情绪变化：如有陌生人要求坐在他的旁边，他就会感到不安，甚至起身离去；如有他熟悉的人到来,他会招呼对方,主动让给对方左右的位子,而且他也会因此而感到高兴。人类学家观察发现,人与人之间在面对面的情境中,常因彼此间情感的亲疏不同,而不自觉地保持不同的距离:最亲密的人,彼此间可以接近到0.5m;有私交的朋友间,彼此可以接近到0.5~1.25m;一般公共场所的陌生人之间沟通时,彼此间的距离,通常维持在3m以上。此种因情感亲疏而表现的人际间距离的变化,在心理学上称为人际距离。显然,人际距离的变化,是由双方当事人沟通时,在肢体语言上的一种情感性的表示。彼此熟悉时,就亲近一点;彼此陌生时,就保持距离。如一方企图向对方接近,对方将自觉地后退,仍然维持相当的距离。所以我们在交际中也可以善于运用空间距离。

美国人爱德华·霍尔博士划分了四种区域或称距离,每种距离分别与双方的关系相称:

第一,亲密空间(15~46cm),这是最亲密的人之间的距离,如父母、恋人、爱人。这是人际交往中的最小间隔或无间隔,即通常所说的"亲密无间"。其近段在15cm以内,彼此可能肌肤相触,耳鬓厮磨,以至相互能感受到对方的体温、气味和气息,如拥抱、接吻等。其远段在15~44cm,表现为挽臂执手、促膝谈心等。这一距离有非常特定的场境和对象,一般属于私下情境,说悄悄话,或在贴心朋友、夫妻和情人之间。在社交场合,大庭广众面前或一般的异性之间是绝对禁止的,否则不仅不雅观,还会因为不行"礼"而引起另一方的反感甚至冲突。

第二,个人空间(46cm~1.2m),一般亲朋好友之间,促膝谈心、拉家常之间的距离。这在人际间隔上稍有分寸感,表现为较少的直接身体接触。一般近段在46~76cm,正好能相互亲切握手,友好交谈。远段在76cm~1.2m,双方间已有一臂之隔,恰恰将可能的身体接触排除之外。这一距离通常为人们在交往场合所接受,它有较大的开放性,任何朋友和熟人都可以自由地进入这个空间。

第三,社交空间(1.2~3.6m),这是社交场合与人接触,上下级之间保持的距离。保持距离,会产生威严感、庄重感,这已超出了亲密或熟悉的人际关系,而是体现出一种社交性的或礼节性的较正式关系。近段在1.2~2.1m,一般出现在工作环境和社交聚会上的交往。远段在2.1~3.7m,往往表现为更加正式交往的关系。一些有较高身份和地位的人往往通过一个特大办公桌的相隔与下属交谈。这一距离大都是考虑到交往的正式性和庄重性。如企业或国家领导人之间的谈判、教授与学生间的论文答辩等,以增加一种庄重的气氛感。

第四,公众空间(>3.6m),这是社交场合与人接触,上下级之间保持的距离。在这个空间中,人际间的直接沟通大大减少了。其近段在3.7~7.6m,远段则在7.6m以外。这是一个几乎能容纳一切人的"门户开放"的空间。人们完全可以对处于这个空间内的其他人"视而不见"、不予交往,因为相互间未必发生一定联系。在这个空间的交往,大多是当众演讲之类的。

这四种交往距离、范围的划定,为公关人员寻求最为适合特定场景和对象的交往空间提供了大模式,但这一距离范围并不是一成不变的,不同的人所需的个体空间的范围有所不同,同一个人在不同心理状态下所需的个体空间也会有所变化。因此,交往空间仍有较大的伸缩性和可交往性。影响它的主要因素有:

1) 不同文化背景或民族差异的影响

实践研究表明,地中海国家的人交往时允许有较多的身体接触,相互靠得较近;而北欧国家的人则相互离得较远,很少有肌肤相触。同是欧洲国家,法国人与英国人交谈时,法国人总是保持较接近的距离,乃至呼吸也会喷到对方脸上,而英国人会感到很不习惯,步步退让,以维持适合于自己的空间范围。同是美洲国家,对北美人来说,最适宜的交谈距离是距一臂至 4 英尺❶,而南美人交谈则喜欢近一些。北美人为了避免文化差异造成的个体空间不协调,常常就以桌椅作为隔开的屏障,而南美人甚至会不由自主地跨过这些屏障,以便达到他感到舒服的交谈距离。东西方文化的差异对交往距离的影响就更大一些,如一个美国人和一个中国姑娘站在一个大厅里谈话,由于两个人有不同的交际距离文化又没能相互了解对方,便闹出一场笑话:中国姑娘站在距美国人三四步远的地方谈话,而美国人总想站近一点儿,致使双方都为能保持让各自感到舒适的距离而进行调整,美国人不断向前以调整他的空间需要,而中国姑娘则步步后退以满足自己的空间不受"侵犯"。一进一退,绕了大厅走了一圈。把这段情形录下来并以快速放映时,会感到这位中国姑娘是在带这位美国人绕着大厅跳舞。结果,美国人觉得这个姑娘太冷淡、太别扭、太腼腆;而中国姑娘则觉得美国人亲昵过度、太危险、没礼貌。

2)社会地位和年龄差异的影响

地位尊贵的人物,较之地位低的人需要更大的个体空间,一般是有意识地与下属和人群保持相当距离,更不能容忍这些人紧靠着他说话,乃至抚肩拍背或气息喷到脸上。同样,年龄差异较大的人之间交往距离的人为缩小产生的感觉,较之同龄人之间会淡化一些,比如抚摸儿童的头和脸,而在成年的同龄人之间就是一种不敬的表示,会显得粗俗无礼。

3)性格差异的影响

性格开朗、喜欢交往的人更乐意接近别人和别人的靠近,个体空间相对较小。而性格内向、孤僻自守的人不愿主动接近别人,宁愿把自己孤立地封闭起来,当然对靠近他的人也就十分敏感,他们的个体空间一旦受到侵占,最容易产生不舒服感和焦虑感。具有主动性格的人,容易无意识地单方侵入对方的个体空间,而客观上给对方造成威迫的压力或巴结的情形。在正式的社交场合,易为对方看不起。而日本的公关人员往往就是通过就座的空间位置来判断公众的性格和心理。

4)性别差异的影响

一般来说,女性相聚比男性站得近。女性同男性对空间位置的安排也不同:女性往往靠在她喜欢的人旁边,而男性则选择在他喜欢的人对面坐着。女性最反感陌生人坐在自己旁边,男性最不喜欢陌生人占据自己对面的位置。而且,男性会把坐在对面的"闯入者"视为竞争的威胁,女性则把坐在身旁的"闯入者"视为有意识的侵犯。

5)情绪状态和交往场景差异的影响

人在心情愉快舒畅时,个体空间就会缩小,允许别人靠得很近;而若生气闷闷不乐时,个体空间便会非理性地扩张,甚至连亲密朋友也可能被拒之于外。在拥挤的社交场合,如舞会、聚会等,人们无法考虑满足自己的个体空间的需要,而较易容忍别人靠得很近,但会设法避免视线或呼吸的接触。当面对面时,眼睛会很自然地注意对方的头顶或空间的某个位置。然而,若在较为空旷的社交场合,人的个体空间就会自然扩大,当别人毫无理由地侵入时,便会引起怀疑和不自然的感觉。

---

❶ 1 英尺=0.3 米。

美国体态语言学专家法斯特先生曾经讲过一个例子。他说，假如我们在餐桌上与一个朋友对面而坐时，悄悄地将桌上的菜单、杯盘、佐料瓶等向对方推过去，我们就会发现，对方一般会先把身子往后仰，以企图"躲避"，然后会不安地把身子晃来晃去；最后，他会找准机会，将桌上的东西大致放回原位，默默地表示"回击"。以上这些都表明了美国心理学家罗伯特·索默先生讲过的一个道理：人都具有一个把自己圈住的心理上的个体空间，就像一个无形的气泡一样为自己所占有，一旦这个气泡被人侵犯，就会觉得不舒服、不安全，甚至会出现愤怒。人际交往需要一定空间距离的情形是很多的。保护自己的势力范围的现象，在文明社会中也是随处可见的。例如：在一间大厅里，有一排椅子，假定两个陌生人先后进入大厅，如果第一个人坐在中间，另一人紧挨第一个人坐下的话，第一个人会本能地移开，与第二个人保持一定的距离。即使在拥挤的公共汽车上，当素不相识的人的身体紧紧贴在一起的时候，人们也绝不允许他人贴近自己的脸，特别是嘴唇和眼睛。这些情况都表明，无论在何种情况下，人体周围都有一个属于自己的空间，人际交往只有在这个空间允许的限度内才会显得自然与安全。作为公关礼仪所讲的空间，是指人们在交往时，特别是个人与个人、个体与群体、群体与群体交往时，因彼此的关系不同、周围的环境不同，而无形中感到彼此间应保持的一种特定的距离。再如，国外的一些大公司的总经理在和他的雇员谈话时通常保持一段距离，这种距离也是一种空间语言，意思是暗示出经理和雇员之间的等级差别。如果雇员不懂得这一空间规律而硬要凑近经理的身旁谈话，势必会引起经理对他的反感或恼怒。这种对空间的守卫和需求就是本小节讨论的空间语言。由于空间需要的客观存在，公关人员在人际公关活动中就应当给以足够的认识，有礼貌地维护属于他人的空间范围，以保证交往活动在平等、轻松的气氛中进行。

以上是根据人的生理心理原理和礼仪规范的基本要求对人际交往的空间作出的概括性和普遍性的分析。尽管从社会到个人都存在一定的差异，并会对交往距离产生不同程度的影响，但服务人员最终还是应该学会在实践中摸索总结出既能适合对方，又能适合场景、适合自己的交往空间的三维标准。只有这样，才能应付于各种社交场合，在人际交往中始终达到沟通与礼貌的最高统一。

7. 服饰与仪态

比尔·盖茨讲过"企业竞争，是员工素质的竞争"，在企业层面来讲，就是企业形象的竞争，教养体现细节，细节展示素质。在商务交往中，个人代表整体，个人形象代表企业形象，个人的所作所为，就是本企业的典型活体广告。一举一动、一言一行，此时无声胜有声。

7.1 化妆技巧

职业女性化妆技巧。对职业女性来说，化妆似乎是很轻描淡写的一件事，质地较好的合体套装是必备的，发型也应显得清爽利落。而化妆，在大多数汽车行业人员看来，有时间的话可以准备一下，不过素面朝天不是与车间更相配吗？

可是根据实际的客户接待的情况看来，并不是这样。一个典雅、干练、稳重的职业形象，不仅可以体现对客户的尊重，而且员工一直保持容光焕发，也仿佛在说明似乎再棘手的工作都难不倒自己。一个完美的办公室妆容，并不会花费太多的时间，只用学会一些实用的技巧就可以了。化妆是一种修饰，可强调肤色和五官的优点或掩饰瑕疵。女士化妆要简约、清丽、素雅，避免过量使用芳香型化妆品，选择适当的化妆品和与自己气质、脸型、年龄等相符的化妆方法。化妆的浓、淡要视时间、场合而定，更不要非议他人的妆容。精致的妆容能增强自己的风格，从而在客户接待的过程中，表现出个人成熟、干练的形象，更可以加深客户对你的印象。对于化妆，要掌握的重点是：

1）粉底

脸部肤色修饰是整个化妆的关键。客户服务人员应选择接近自己肤色、遮盖度属中低的粉底，强调妆容的自然。每个人至少要有两种深浅不同的粉底，以应对季节变换时的肤色变化（冬天肤色较浅，夏季肤色较深），同时深浅不同的粉底组合在一起也可以修饰脸形。深色粉底会使涂抹部位产生阴影感，比较宽的脸形可以先用深色粉底擦在两腮位置修饰脸形，再将较淡的粉底色用在两颊，以增加脸部立体感。窄或长脸形，则将深色粉底擦在额头和下巴，修饰脸形，以浅色粉底擦在鼻梁中央，深色擦在鼻翼两侧，使鼻子看起来较高挺，如图3-1所示。

图 3-1 粉底的修饰技巧

2）眉形与眼影

对大多数人来说，眉毛是不容易画的，但必须在上眼妆之前先画眉毛，因为眉毛可以界定眼睛的范围，而且可以强调眼部。眉毛不需要过于工整老气，可以略加修整，也不要改变原来的眉形，可维持原来自然的线条，重点是拔除眉毛下边眼皮上的杂乱毛发，不要拔除眉毛上方部位的毛发，眉头始于眼头，眉毛不要太垂而造成不愉快的感觉。

眼影：鼻翼、外眼角及眉毛末稍这三个点通常是在一条线上，画眼影的重点是眼影应在这条线内画，也就是说，不要超出这条线以外。这是很多人会犯的错误，画得太多，眼睛看来会有一点儿忧愁，如果嫌眉毛短，也可以根据这三点成一条直线的原则，补长眉毛。

眼影的调和颜色种类和明暗度技巧非常重要，避免一下子擦太多眼影，要一次擦上一点点，慢慢加深。画眼影时，浅色、深色或不发亮颜色等明暗度较低的眼影，可以用来平衡眼部突出的部分，也可以修饰眼睛的形状；白色、淡色、亮色，这些具有较高明暗度的眼影，它们的用途是以对比来强调深陷的部位，或是衬托阴影的部分。

例如，要使眼睛深陷，就在整个眼皮上刷上深色眼影，往上晕开明亮的显光眼影，沿着眉毛下方擦上；若要让眼睛圆一点儿，则沿着眼皮下陷部位上深色眼影，然后再沿着深色眼影擦上明亮的显光眼影。穿颜色鲜艳服装时，眼影颜色应柔和、穿颜色暗深色的服装时，眼影颜色应活泼。眼影的颜色要从穿着的服装里找出来，穿着多色彩的服装时，自服装中挑出一至两种颜色，再加一种对比颜色。浅柔的眼部化妆，可选择较柔和的对比色或色环中对比色系的旁边色，如图3-2所示。

3）唇部造型与选色

唇部化妆应先以唇形笔将理想的唇廓描出，再擦上唇膏，唇膏与指甲油的颜色应与服装、眼影及腮红协调，以同色系为宜，唇形自然，给人明朗愉快的感觉。棕红色或褐红色唇膏，极适合日间上班装扮，最能表现出明朗的健康美，如图3-3所示。

4）腮红的修饰技巧

腮红擦在颧骨上方，可以强调颧骨轮廓，有一个不会出错的法子，叫作"微笑的苹果"，只要擦在微笑时脸颊上出现的苹果形状上就对了。圆形脸拉长腮红有助于平衡脸形。上小下方的梨形脸，由于额头显小，可以拉长腮红修饰。瓜子脸、心形脸及长椭圆形脸，腮红不必拉得太长，以免显得脸太窄。

检查：整个工作完成后，记得做最后的检查，在光线较明亮的地方看看自己，有没有不均匀或不得体的地方，如图3-4所示。

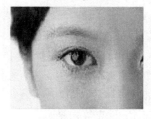 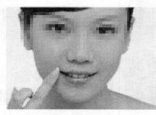 

图 3-2　眼影的修饰技巧　　　　图 3-3　唇部修饰技巧　　　　图 3-4　腮红的修饰技巧

要说明的一点是：人前化妆是不礼貌的行为。虽然女性在餐馆就餐后，补口红、轻轻补粉，谁也不会大惊小怪。不过，也只能就补这一点儿，不能太过分。需要梳头、磨指甲、涂口红和化妆时，应到化妆室，或盥洗室进行。在客户面前修容，是服务人员对待客户非常不礼貌、错误的形象。同样，在人前整理头发、衣服，照镜子等行为应该尽量节制。

男士不要过分化妆。基本上保持头发清洁，修饰得体，发型与本人自身条件、身份和工作性质相适宜即可。只是男士应每天修面剃须。

7.2　服饰

服饰是一种文化，反映了一个民族的文化素养、精神面貌和物质文明发展的程度；着装是一门艺术，正确得体的着装，能体现个人良好的精神面貌、文化修养和审美情趣。俗话说，"人靠衣装"，第一印象往往是由一个人的衣着仪表和外在气质形成的。第一印象往往让人难以忘记，从而影响交往对象的评价和判断。在人际交往中，个人的仪表形象就像一张名片，上面贴着与你个性相匹配的标签。是仪表堂堂、神采奕奕，还是邋里邋遢、没精打采，从衣着上就能有个明显的判断。

1）女士着装

作为接待人员，服饰的色彩不宜过于夺目，应尽量考虑与公司的色调、气氛相和谐。服饰应舒适方便，以适应整日的工作强度。暴露、花哨、反光的服饰是所忌用的。服装的质地应尽可能考究，不易皱褶。穿裙子时，袜子的颜色应与裙子的颜色相协调，袜子口避免露在裙子外面。年轻女性的短裙至膝盖上3~6cm，中老年女性的裙子要及膝下3cm左右。鞋子要舒适、方便、协调而不失文雅。女士穿职业裙装时，需注意四不准：

（1）黑色皮裙，在正是场合绝对不能穿，这是国际惯例。

（2）正式的高级的场合不能光腿。

（3）衣服与裙子、鞋子的风格不搭配。上身西装，下身休闲裙、运动鞋，影响自己的形象不说，还带给客户奇怪甚至不被尊重的感觉。

(4)鞋袜不配套,穿套裙不能穿便鞋,与袜子更要配套,穿凉鞋不穿袜子,穿正装时可以穿前不露脚趾后不露脚跟的凉鞋。

图3-5 女士的着装

作为上班族,在春秋季节,可多准备几套西装裙,款式力求简洁大方,以便与工作环境相协调,不宜过分夸张或花哨,变化可体现在领形、纽扣、裙形上面。当然,要求款式简洁并不意味着一年四季的服装一成不变。单一不变的服装会流于单调重复,给人以对工作缺乏热情、安于现状的印象。可以时常在着装上有一些小小的变化,如换条丝巾、使用新发卡、佩戴胸花等,在愉悦自己的同时,给同事们一些惊喜、给办公室添一些亮色,也是对生活的点缀,如图3-5所示。

职业女性的几种不恰当着装包括:

(1)过分时髦。热爱流行的时装是很正常的现象,即使不去刻意追求流行,流行也会左右着你。但有些女性几近盲目地追求时髦。例如,在指甲上同时涂了几种鲜艳的指甲油,当她接待客户或与人交谈时,会给人一种厌恶的压迫感,一个成功的职业女性对于流行的选择必须有正确的判断力,同时要切记:在工作中,主要表现的是工作能力而非赶时髦的能力。

(2)过分暴露型。夏天的时候,许多职业女性不够注重自己的身份,穿起颇为性感的服装。这样你的才能和智慧便会被埋没,甚至还会被看成轻浮。因此,再热的天气,应注意自己仪表的整洁、大方。

(3)过分正式型。这个现象也是常见的。其主要原因可以说是没有恰当的服装。职业女性的着装应平淡、朴素。

(4)过分潇洒型。最典型的样子就是一件随随便便的T恤或罩衫,配上一条泛白的破洞牛仔裤,丝毫不顾及办公室的原则和体制。这样的穿着可以说是非常不合适了。

(5)过分可爱型。作为一名接待人员,客户看中的是专业程度,所以应该以大方得体的职业装束给客户成熟稳重的印象。不合时宜,甚至孩子气、幼稚的打扮带给客户的是玩世不恭的负面印象。

2)男士着装

男士穿着西装应讲求三个原则。

(1)三色原则。全身的颜色限制在三种颜色之内。

(2)三一定律。身上三个部位(鞋子、腰带和公文包)的颜色要一致,一般以黑色为主。

(3)三大禁忌。第一个禁忌是穿西装袖口上的商标没拆掉。第二个禁忌是袜子没选对,如袜子的色彩和质地,正式场合不穿尼龙丝袜、不穿白色的袜子、袜子的颜色要以与鞋子的颜色一致或其他深色的袜子为佳。第三个禁忌是领带选择出现问题,与衬衫与西装不搭调。

不过简单来说，男士穿着西装时务必整洁、笔挺。正式场合应穿着统一面料、统一颜色的套装，内穿单色衬衫，打领带，穿深色皮鞋。三件套的西装，在正式场合下不能脱外套。衬衫的领子要干净，不可有污垢、汗渍。衬衫下摆要塞进裤子里，系好领口和袖扣，衬衫领口和袖口要长于西服上装领口和袖口 1～2cm，以显有层次感，衬衫里面的内衣领口和袖口不能外露，如图 3-6 所示。

领带结要饱满，与衬衫领口要吻合。领带的长度以系好后大箭头垂到皮带扣为宜。西装穿着系纽扣时，领带夹夹在衬衫的第三粒和第四粒纽扣之间。穿西装一定要穿皮鞋，鞋的颜色不应浅于裤子。黑皮鞋可以配黑色、灰色、藏青色西服；深棕色鞋子配黄褐色或米色西服，鞋要上油擦亮。

除了以上的基本技巧之外，还要注意自己的体形，当体形较瘦时，选择西装要注意：

西服的面料不用细条纹而用格子图案，上装和裤子颜色对比鲜明（比穿整套西装好），双排扣宽领款式更为合适，垫肩、有袋盖，这一切都能增加一种宽阔的感觉，打上一条适中的丝质领带（最好是三角形或垂直小图案），可能的话，再加上一件翻领背心，使体型更显厚实。裤子有明显的褶线和折脚。用宽皮带和厚底鞋，也敢可为增添重实感。具体说来有以下五点：

图 3-6　男士的着装

（1）绝对不要穿黑色和近乎黑色的上装，否则人越发显得干瘦，应穿膨胀色的服装，颜色可选用灰色、灰褐色、浅灰色等，用以增加扩张感。

（2）衣料以斜纹路花型比较好，大格的柔软质地的也不错，毛质地的衣料可以放在第一位考虑，最好不要选直纹路衣料。

（3）小胸围的男士应穿较紧胸围的衣服，这样可撑满衣服，使胸廓显得较宽。如果认为小胸围穿大胸围的衣服能显得胖一点儿，那就大错特错了，因为宽大的衣服反而使人显得更瘦。体形瘦长的人如果穿西服，最好穿三件式的西装，因为穿上马夹可以使扁窄的上身显得丰厚。

（4）服色搭配时，上装与衬衫，或上装与裤子的颜色之间要形成较强烈的对比。这样可以从感觉上增加宽度，使人看上去粗壮一点儿。

（5）如果穿针织服装，可以选择横条纹的，但不可选择竖条纹的。领带应选择宽型的，色彩应是明亮的。为了使脸部也相应显得宽阔，可以把头发的鬓角留得厚实丰满些。

7.3　饰物

佩戴饰物要考虑人、环境、心情、服饰风格等诸多因素间的关系，力求整体搭配协调。遵守以少为佳、同质同色、符合身份的原则。

女性饰物种类繁多，选择范围比较广，饰物的佩带要与体形、发型、脸型、肤色、服装和工作性质相协调。女士的首饰佩戴，原则是"符合身份，以少为佳"不能比顾客戴得多，不能喧宾夺主。在客户交往中哪些首饰不能戴：一种是展示财力的珠宝首饰不戴，因为上班族要展示的是爱岗敬业；二是展示性别魅力的首饰不能带，胸针、脚链不能戴。这在礼仪的层面叫作有所不为。戴两件或两种以上的首饰,专业戴法是"同质同色"。不能远看像圣诞树,近看像杂货铺。

7.4 举止礼仪

无论是与客户交谈还是倾听,不论是站、走还是坐,首先要做到身体姿势庄重得体。

(1)站姿:挺直、舒展,手臂自然下垂。正式场合不应将手插在裤袋里或交叉在胸前,不要有下意识的小动作。女性站立时双腿要基本并拢,脚位应与服装相适应。穿紧身短裙时,脚跟靠近,脚尖分开呈 V 状或 Y 状;穿礼服或者旗袍时,可双脚微分。

(2)坐姿:入座时动作应轻而缓,轻松自然。不可随意拖拉椅凳,从椅子的左侧入座,沉着安静地坐下。女士着裙装入座时,应将裙子后片拢一下,并膝或双腿交叉向后,保持上身端正,肩部放松,双手放在膝盖或椅子扶手上。男士可以微分双腿(一般不要超过肩宽),双手自然放在膝盖或椅子扶手上。离座时,应请身份高者先离开。离座时动作轻巧,不发出声响,从座位的左侧离开,站好再走,保持体态轻盈、稳重。

(3)走姿:行走时应抬头,身体重心稍前倾,挺胸收腹,上体正直,双肩放松,两臂自然前后摆动,脚步轻而稳,目光自然,不东张西望。

(4)遵守行路规则,行人之间互相礼让。三人并行,老人、妇幼走在中间。男女一起走时,男士一般走在外侧。走路时避免吃东西或抽烟。遇到熟人,应主动打招呼或问候,若需交谈,应靠路边站立,不要防碍交通。

(5)乘车行路:我们在陪同客户乘车外出时,要主动打开车门,让客户先行上车,待客户坐稳后再上车,关门时切忌用力过猛。一般车的右门为上、为先、为尊,所以应先开右门,陪同客人时,坐在客人的左边沿为宜。

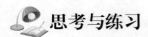
思考与练习

一、案例分析

孙小姐于 2010 年 7 月购买了一辆北京现代的途胜(2.0L)。此后,每年她的车辆维护一直都是在本公司由公司员工老钱负责。但是今年老钱发现孙小姐已近快一年没有进店维修或维护了,这时老钱主动给孙小姐致电,提醒她维护期限已到。孙小姐表示由于最近工作比较繁忙,提出可不可以让老钱帮她把车开到 4S 店进行维护,于是当天下午老钱便和车间的维修人员一起去孙小姐家。到客户家时,老钱就迫不及待地向孙小姐索要车钥匙,在给了孙小姐接车单后,让同事把车开回公司,但是老钱却没注意到同事此时身着油污的工作服并直接上了车。这时的孙小姐皱着眉,很不高兴。老钱也没在意就走了。第二天孙小姐去接车,也没有提出什么问题或要求。三天后,老钱却接到了客户服务部的通知。原来孙小姐对他的服务态度提出了投诉。老钱知道后没有通知客户,又一次上门准备进行解释。孙小姐看见老钱后很惊讶,但还是愿意听他的解释。在此期间,老钱一直在解释自己的工作很多所以才疏忽了,却没注意到孙小姐一直望着窗外,慵懒地坐在椅子中,才听到一半时就直接打断了老钱,说:"你们不用再解释了,反正我以后不会再选择你们店了!"

这个案例中,是客户故意刁难还是我们没有做到位?如果还有一次机会,你会如何进行分析和处理，重新获得客户的信任？

　　二、情景分析

　　在公司的客户接待中心，这里窗明几净，美丽整洁，办公桌上放着一个透明的玻璃烟灰缸，你和客户边抽烟边谈业务，基本上谈完了，客户把手上快抽完的香烟，顺手丢在地上，抬脚捻了两下，整洁的大理石地面顿时出现一块污渍。

　　这个情景是我们常常会碰见的尴尬场面，在客户丢烟头的瞬间，你也许会想到很多，如果你当时把烟头拾起来放到烟灰缸里，表面上是展现了你的风度，同时还教育了客户，但也变相批评了客户。对于一个维修接待的服务人员，此举对他是有风险的。这时如果将自己的烟头放入烟缸里，那也可能具有同样效果。此时，如果是你，该怎么办呢？

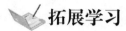

拓展学习

名片的使用技巧

　　在社交场合，名片是自我介绍的简便方式，是一个人身份的象征，当前已成为人们社交活动的重要工具，常见的名片礼仪虽然看上去很简单，却也有一些不容易注意到的小技巧。

　　1）递送名片

　　初次见到客户，首先要以亲切态度打招呼，并报上自己公司的名称，然后将名片递给对方。递送时，应将名片正面面向对方、名字向着客户，双手奉上。眼睛注视对方、面带微笑，并大方地说："这是我的名片，请多多关照。"

　　2）接受名片

　　接受名片时，应起身且面带微笑注视对方。接受名片时，应说"谢谢"并微笑阅读名片。不要立即收起来，也不应随意玩弄和摆放，而是认真读一遍，要注意对方的姓名、职务、职称，并轻读不出声，以示敬重。然后回敬一张本人的名片，如身上未带名片，应向对方表示歉意。

　　3）存放名片

　　接过别人的名片切不可随意摆弄或扔在桌子上，也不要随便地塞进口袋或丢在包里，应放在西服左胸的内衣袋或名片夹里，以示尊重。

　　4）名片的管理

　　对名片的管理十分必要。首先，当你和他人在不同场合交换名片时，务必详尽记录与会面的人、事、时、地、物。交际活动结束后，应回忆复习一下刚刚认识的重要人物，记住他的姓名、企业、职务、行业等。其次，对名片进行分类管理。可以按地域分类，比如，按省份、城市或按行业分类；还可以按人脉资源的性质分类，比如，同学、客户、专家等。再次，养成经常翻看名片的习惯，在工作的间隙，翻一下你的名片档案，给对方打一个问候的电话、发一个祝福的短信等，让对方感觉到你的存在和对他的关心与尊重。最后，定期对名片进行清理。将你手边所有的名片与相关资源数据作一全面性整理，依照关联性与重要性、长期互动与使用几率、数据的完整性的因素，将它们分成三堆，第一堆是一定要长期保留的；第二堆是不太确定，可以暂时保留的；第三堆是确定不要的，经确认后可进行销毁。

学习单元 4　　倾 听 训 练

学习目标

1. 明确倾听的定义和过程；
2. 叙述倾听的作用和类型；
3. 描述倾听的方式；
4. 根据案例分析、描述倾听的障碍；
5. 能够运用倾听技巧来处理汽车维修业务接待中的问题。

学习时间

12 学时。

1. 倾听的基本认知

倾听是沟通过程中的一个重要方面，它与计划、组织、领导及控制等管理环节密切相关。要使口头沟通融洽有效，学会倾听是非常必要的。作为管理者更要学会倾听，并且还要善于倾听，借以时刻了解员工的观点、意见及建议等。

有人曾经对38名来自企业的管理者进行调查，其中，包括1名高层管理者、24名中层管理者、13名基层管理者。该调查要求他们详细记录从周一至周五的有关沟通活动。结果表明，这些管理者这样安排他们的时间：19%用于读、22%花在写、26%参与说、33%用在听（这只是对管理者的实验调查比例，并不是最后统计的所有人的比例）。这一调查充分说明积极倾听在管理沟通中的主导地位。擅长倾听的管理者往往在与上级、同事、下属以及客户的交谈中注意倾听，以获得有价值的、最新的信息，进而对这些信息进行思考和评价。因此，是否具备或掌握倾听技能将直接关系到管理者的决策水平和管理成效，在汽车维修业务接待中，倾听技巧的运用也显得尤为重要。图 4-1 为汽车售后服务中的倾听。

打造良好专业形象，为客户提供优质服务

图 4-1　汽车售后服务中的倾听

1.1　倾听的概念

所谓倾听——就是用耳听、用眼观察、用嘴提问、用脑思考、用心灵感受。换句话说,倾听是对信息进行积极主动的搜寻的行为。

国际倾听协会这样对倾听进行定义:倾听是接收口头及非语言信息、确定其含义和对此作出反应的过程。第一个关于倾听的研究是1926年保罗·伦根做的。他发现,人们在每10分钟里有7分钟用于听,即70%的清醒时间(睡眠之外的其他活动时间)用于倾听他人。此后,在对蓝领和白领员工、售货员、家庭主妇、大学生和其他一些人所进行的研究中,该数据为50%~80%。虽然人们把许多时间用于倾听,但大多数人的倾听效果并不理想。一般人仅能听懂对方所说的一半,理解该一半的1/4,而记住的往往更少。多数人仅仅使用了他们倾听能力的25%。

我们与生俱来有两只耳朵、一张嘴,这是因为我们想要倾听两倍于我们所说的。虽然倾听是婴儿所学到的第一种沟通技巧,也是成人使用最多的沟通方式,但是在听、说、读、写等沟通技能中,倾听也是最少获得教育和训练的技能。对于绝大多数人来讲,听、说、读、写这四种沟通模式占我们时间的比例如图4-2所示。

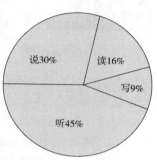

图4-2 听、说、读、写所占比例

有些人认为倾听能力是与生俱来的,那是因为他们把听和倾听混作一谈。事实上,听只是一个生理过程,它是听觉器官对声波的单纯感受,是一种无意识的行为。倾听不仅仅是生理意义上的听,更应该是一种积极的、有意识的听觉与心理活动。通过倾听,不仅可获得信息,而且还能了解情感。听与倾听的主要差别见表4-1。

听与倾听的主要差别 表4-1

听	倾 听
身体本能反应	心智与情绪的感觉
与生俱来的生理能力	必须通过学习的、具备分析解释和翻译的能力
可以同时听见很多声音	只选择特定的意义与概念声音
倾听所必需的资格	自私的动机下才做的事(听众急于想知道谈话内容或是从中得到有价值的资讯)
收集信息	创造个人与工作上的利益

1.2 倾听的过程

倾听的过程可分为四个阶段:接收信息、选择性注意、赋予信息含义和记住信息。在理想的倾听情景中,人们经过所有这些阶段。

1.2.1 接收信息

在每一天中,我们都接收比我们所需要或所能处理的更多信息,包括广告、某人在楼道中的喊叫、老师的讲课、与朋友的交谈等。

我们每天都要听到客户在维修时的抱怨,"我半年前更换的配件,现在又坏了,为什么新换的配件质量担保期不能顺延?""我刚买的车怎么就要召回,这车质量不行,我要赔偿(退车)!""我的车在质量担保期内,怎么洗个积炭还要收费啊?""我的车出现疑难故障,你们维修检查时找到了问题,虽然花费了一整天的时间,但是现在我不想修了,你们却要收我的检查费,你们不是说检查是免费的吗?为什么还要收我检测费呢?"图4-3为维修服务接待中的客户接待。

图4-3 维修服务接待中的客户接待

当我们听时,听到的内容是声音或词语说出的方式。但在倾听时,我们则要作出更多的反应。听是一种涉及听觉系统的生理过程(感觉过程),而倾听是涉及对他人全部反应的更加复杂的知觉过程,包括口头语言和非语言沟通。因此,倾听时接收的不只是来自听觉的信息,还有来自其他渠道的多种形式的信息。

1.2.2 选择性注意

在倾听时,我们会剔除无关的信息,把注意力集中在我们认为重要或有趣的内容上。例如,当你要买汽车时,你所有的精力都会放在有汽车信息的内容上,其他的一切包括平时最喜欢的体育或经济新闻都变得不再重要。

把感知集中起来的能力被称为选择性注意。人们有能力把注意力集中在某种特定的刺激物上。例如,你可能在房间里听到各种声音:说话声、电视中传出的声音、开门和关门声等,然而当激光唱盘放出你喜爱的歌曲时,你就会全神贯注地听歌,似乎这首歌曲消除了周围其他的声音。人们的选择性注意力是很奇特的。在一项研究中,实验者坐在四个播放不同内容的喇叭中间,但被告只注意倾听某一个喇叭所传出的信息。结果,听者能够很完美地回忆出那个喇叭的信息,而没有受到其他喇叭的影响。虽然人们能按某种特定的方式集中注意力,但注意力集中的范围是有限的。总的来说,人们对20秒以内的信息能完全集中注意力,之后,注意力将非常容易分散,当然人们也能很快把注意力重新集中在相应的信息上。事实上,注意力的范围是与厌烦紧密联系的。研究者发现,最好的听者是不容易厌烦和在获取信息方面有一些基本技能的人。因此,没有耐心且具有多动症的人就必须在集中注意力上付出特别的努力。

1.2.3 赋予信息含义

当我们决定注意某些信息时,接下来的步骤就是理解并赋予它们一定的含义,使它们成为我们已拥有的知识和经验的一部分。理解和赋予信息含义的过程基本上是一种选择信息并设法把这些信息与我们已拥有的经验联系起来的过程,人们对信息进行评价,用自己的观念衡量对方所说的话,或者质疑说话者的动机和观点。在对说话者所表达的词语理解的同时,也对他们的腔调、手势、面部表情赋予一定的含义。总之,此时听者的认知在起着重要作用。

1.2.4 记忆信息

记忆是倾听的最后一个步骤。在决定了什么是重要的和什么是不重要的以后,尽可能地记住说话人的信息。我们可以通过很多手段来加深记忆,比如复述内容、记笔记、做比较等。虽然我们不可能记住所有的语言和非语言信息,但是在选择、理解并赋予其意义后,一部分信息是会存储在我们的大脑记忆中的,尤其是记笔记会帮助我们记住要点。

要使倾听有效,就要经过上述这四个阶段。这些阶段的完成程度取决于说话人对你的吸引力和那些话对你的重要程度。当然,装做是在倾听、注意力集中而且饶有兴趣的样子,但实际上什么也没有听到,也不是什么难事,许多人精通这种技巧。比如说听一个报告会时,你可能什么也没听进去,但你的笔记却记得相当完美。

2. 倾听的作用

保罗·赵说过:"沟通首先是倾听的艺术。"伏尔泰说:"耳朵是通向心灵的道路。"米内也说:"会倾听的人到处都受欢迎。"松下幸之助把自己的全部经营秘诀归结为一句话:"首先细心倾听他人的意见。"

以上的引述都说明了倾听的重要性。提高倾听效果或仅仅使人意识到倾听能力的重要性,在今天的商务活动中具有极高的价值。如果人们没听清或没有理解对方的意思,其代价会是惨重的,诸如时间、地点、日期、名称等,在双方交流中尤其容易混淆。如果错误发生在容易发生听觉错误的直接协议上,代价更加惨重。倾听保证了我们能够与周围的人保持接触,并且保证了我们在这个科技飞速发展的社会中立于不败之地。有效倾听可以帮助我们在汽车维修业务接待中解决很多特殊的问题,帮助我们赢得更多的客户。

(1)善于倾听的管理者在工作中会对员工产生激励作用,调动人的积极性。认真倾听本身就是一种鼓励方式,能提高说话者的自信心和自尊心,加深彼此的感情,因而也就激发了对方的工作热情和负责精神。美国成功的企业家玛丽·凯·阿什要求自己的经理们记住——倾听员工的诉说是最优先的事,她本人也专门抽出时间来聆听下属的讲述,并进行仔细记录。她对下属们提出的意见和建议十分重视,并且会在规定的时间内给予答复。一些企业的管理人员常常在工作之余与下属一起喝咖啡,这也是给下属一个自由倾诉的机会。这样做的好处是沟通了彼此的感情,满足了倾诉者的自尊心,同时也调动了人们的积极性。

(2)倾听是获得信息的重要方式之一。交谈中有很多有价值的消息,有时它们还是说话人的灵感,这些会给倾听者带来很大的启发。"听君一席话,胜读十年书",一个随时都在认真倾听他人讲话的人,无意中可能就成为一个信息的富翁。美国著名的主持人林克莱特在一期节目当中问一位小朋友:"你长大了想当什么呀?"小朋友天真地回答:"我要当飞机驾驶员!"林克莱特接着说:"如果有一天你的飞机飞到太平洋上空时,飞机所有的发动机都熄火了,你会怎么办?"小朋友想了想:"我先告诉飞机上所有的人绑好安全带,然后我系上降落伞,先跳下去。"当现场的观众笑得东倒西歪时,林克莱特继续注视着孩子。没想到,孩子的两行热泪夺眶而出,于是林克莱特问他:"为什么要这么做?"他的回答透露出一个孩子真挚的想法:"我要去拿燃料,我还要回来!还要回来!"这时,观众们对主持人林克莱特的敬佩之情油然而生,佩服他与众不同之处,他能够让孩子把话说完,并且在现场的观众笑得东倒西歪时仍保持着倾听者应具备的一份亲切、一份平和、一份耐心。事实上,大概60%的人只能做到第一层次的倾听,30%的人能够做到第二层次的倾听,15%的人能够做到第三层次的倾听,达到第四层次的倾听仅仅只有至多5%的人能做到。因此,应该重视倾听,提高自身的倾听技巧,学会做一个优秀的倾听者。作为优秀的倾听者,通过对员工所说的内容表示感兴趣,不断地创建一种积极、双赢的过程。

(3)积极倾听可以帮助管理者作出正确的决策,而对缺乏经验的管理者,倾听还可以减少错误发生。玛丽·凯·阿什的公司在创办初期只有9个人,但她善于倾听各种意见,在她的要求下,销售部门听取了客户的建议,很多产品都是按照客户的要求制作的,所以无需大做广告产品销路也很好,这使得公司的效益处于同行业的领先位置。同样,日本的松下幸之助先生创业之初公司只有3人,但因为他注意征询意见,并随时改进产品、确立发展目标,才使松下电器发展到今天的规模。

(4)倾听也是给人留下良好印象的有效方式。许多人不能给他人留下良好印象,就是因为他不注意听别人讲话。心理学研究表明,人们喜欢善听者甚于善说者。戴尔·卡内基曾经举过一例:在一个宴会上,他坐在一位植物学家身旁,专注地听着植物学家跟他谈论各种有关植物的趣事,几乎没有说什么话,但分手时那位植物学家却对别人说,卡内基先生是一个最有发展前途的谈话家,此人会大有作为。学会倾听,实际上已踏上了成功之路。

(5)善于倾听是调节双方关系的润滑剂,是尊重他人的表现。在一个圣诞节前夕,一个美国男人为了和家人团聚,兴冲冲从异地乘飞机踏上回家的路。一路上他幻想着团聚的喜悦情景。但此时,这架飞机在空中遭遇猛烈的暴风雨,飞机脱离航线,上下左右颠簸,随时都有坠毁的可能,乘务人员惊恐万状地吩咐乘客写好遗嘱,放进一个特制的口袋。这时,飞机上所有人都在祈祷,在这万分危急的时刻,飞机在驾驶员的冷静驾驶下终于平安着陆,于是大家都松了口气。这个美国男人回到家后异常兴奋,不停地向妻子描述飞机上遇到的险情,并且满屋子转着、叫着、喊着……然而,他的妻子正和孩子兴致勃勃地分享着节日的愉悦,对他经历的惊险没有丝毫兴趣。男人叫喊了一阵,却发现没有人听他倾诉,他死里逃生的巨大喜悦与被冷落的心情形成强烈的反差,在他妻子去准备蛋糕的时候,这个美国男人却爬到阁楼上,自己结束了从险情中捡回的宝贵生命。一个在飞机上遭遇惊险却大难不死的美国人回家反而自杀了,原因何在? 夫妻之间需要沟通,更需要倾听!当你在倾诉时,却发现无人在倾听,这种痛苦无疑是对倾诉者的一种很大的打击!一个善于倾听的人在他人眼中是一个很健谈的人,夫妻之间如此,亲朋好友、同事领导之间更是这样了。懂得倾听,不仅是关爱、理解,更是调节双方关系的润滑剂,每个人在烦恼和喜悦后都有一份渴望,那就是对人倾诉,他希望倾听者能给予理解与赞同,然而位这美国男人的妻子没有做到,所以导致了悲剧的产生。心理学研究表明,在人的内心深处都有一种渴望得到别人尊重的愿望。倾听是一项技巧、是一种修养、甚至是一门艺术。学会倾听应该成为每个渴望事业有成的人的一种责任、一种追求、一种职业自觉,倾听也是优秀经理人必不可缺的素质之一!

【案例】

假设客户催问汽车售后人员自己的车辆何时修好,何时能取? 倾听后,我们可以这样回答:

(1)用"您是否可以等我一会儿?"取代简单地对客户说:"请您稍等一会儿。"并等待答复。

(2)"要等一会儿才能回答您的问题,因为我需要和经理商量一下。"

(3)"我需要几分钟的时间在电脑中查到那份文件。"

(4)"您可以稍等一下吗? 我给维修车间打个电话。"

一般根据客户等候时间的长短我们也可以采取下面的方式进行回答:

(1)短暂时间等候(1分钟内)——"请等一下,马上就好。"

(2)较长时间等候(1~3分钟)——"我需要两三分钟,请您稍等。"

(3) 漫长时间等候（3分钟以上）——每隔30秒通知他问题的进展情况。图4-4为善于倾听的汽车售后人员。

在过去的数年里，倾听已被确认为一项重要的沟通技巧，而且是商业工作和管理者必备的沟通技能。

研究者还发现，倾听技巧和工作效率之间存在着直接的联系。接受了倾听能力训练之后又接受计算机训练的雇员，比没有接受倾听能力训练的雇员工作效率要高得多。

图4-4　善于倾听的汽车售后工作人员

3. 倾听的类型

归纳起来讲，倾听可分为三种类型：随意地、全神贯注地、专心地倾听，见表4-2。

倾听的类型　　　　　　　　　　　　　　　　表4-2

倾听的类型	特　征
随意地	最不费劲的倾听类型，如看电视或听收音机
全神贯注地	要求分析信息、记住内容和对说话者提问
专心地	完全理解说话者的观点、价值观、态度、情绪和感情字典

3.1　随意地倾听

图4-5　客户的无意提问

随意地倾听也叫作社交性倾听，随意的倾听很普遍，因为它是倾听中最不费劲的一类，不需要任何评价技巧，其目的往往是为了愉悦或消磨时间。这一类信息包括：与汽车有关的信息、贺词等。客户有时候会无意中提问："为什么要做四轮定位？""玻璃清洗液有什么好处？是否可以用别的替代品？""为什么我的车制动液位会下降？这与制动片有什么关系呢？"图4-5为客户的无意提问。

3.2　全神贯注地倾听

通常也被称作批评地倾听，它所强调的是集中思想、综合分析以及评价所听信息的主要内容和重要细节。不仅要仔细地倾听，而且还要正确理解并将复杂纷乱的内容变成有意义的信息。提问和反馈可使倾听者明确所获得的信息。需要运用这一倾听方式的有：合同、进度报告、财务信息等。

3.3　专心地倾听

与第二类倾听相似，专心地倾听也注重信息的主要内容及细节，但所涉及的信息内容没有那么复杂或抽象。相反，信息往往富于娱乐性或趣味性，如业余爱好的东西。维修服务中常常会有这样的情况发生,在做维护时,客户问:"我的车少了防冻液是否能加水?"我们在专心倾听之后可以回答:"如果是缺少少量的防冻液可加蒸馏水(俗称熟水),因为蒸馏水中无杂质,不会引起水垢,不会影响发动机热循环。普通水因含杂质较多,如果加普通水就像热水瓶中会有水垢一样,容易引起冷却系管路堵塞,影响发动机正常工作。"在听到这样的回答后,客户往往会因为我们的专业而觉得非常满意。图4-6为汽车维修人员的专业做法。

图4-6　汽车维修人员的专业做法

对于管理者来说,从全神贯注地倾听转到随意地倾听并不难,难的是从随意地倾听转向全神贯注地倾听。欧内斯特·费恩建议管理者要学会全神贯注地倾听那些即使是属于随意或非正式的信息。因为这样得到的信息比直接提问所得到的反馈更有价值。

4. 倾听的障碍

虽然倾听很重要,而且我们用于倾听的时间也很多,但有时效果往往不尽如人意。其主要原因之一就在于倾听中存在一些障碍,这些障碍的存在极大地影响了倾听的效果。

美国著名的新闻主持人沃特·克隆科特多年前在乘船进入缅因州的中央港口码头时,很惊讶地看到一群人在岸上向他挥手。他隐约地听到他们呼喊着:"你好,沃特!(hello, walter!)"当他的船驶近时,大家的呼喊声更大了。克隆科特十分感动,他激动地向岸上这些人挥帽招手、打躬作揖作为回应。但出乎他的意料,几秒钟后,船卡住了,动弹不得。当岸上的人们呆呆地望着他时,克隆科特才恍然大悟,原来那些人喊的并非是他的名字,而是"水浅,水浅(low water, low water)"。

许多人对别人的状况、处境或问题常常主观臆断,而且迫不及待地提出自己的主张。他们的目的是为了提出答案,从而表现自己,而不是为了了解对方。但是,如果我们耐心聆听,以了解为目的,我们便在提出自己的主张之前有充足的时间去了解对方。倾听的障碍主要有以下几种:

4.1　环境障碍

良好的环境对双方的交流很重要,环境干扰是影响倾听最常见的原因之一。交谈时的环境千差万别,时常使人的注意力转移。来回过往的人,尤其是漂亮的女性,常常会分散人们的注意力,从而影响专心倾听。交流环境周围发生的奇闻怪事更会分散人们的注意力,环境布置、气候状况、音乐的大小、双方的衣着,也会使人分心。一位女性看到她的男朋友和别人跳舞时,在倾听的过程中就可能出现心不在焉的情况,对自己和他人说了什么,可能不会存在什么印象。同样,几个人谈话,也可能相互干扰。有人做过实验,一个人同时听到两个信息时,他会选择其中的一个而放弃另一个。所以荀子说:"耳不能两听而聪",抵抗环境干扰是很困难的事,需要倾听者的细心。图4-7为奔驰的维修环境。

具体来说,环境主要从两方面施加对倾听效果的影响:一方面,干扰消息传递过程,消减、歪曲信号；另一方面，影响倾听者的心境。也就是说，环境不仅从客观上而且从主观上影响倾听的效果，这正是人们为什么很注重挑选谈话环境的原因。例如，在会议厅里，向下属征询建议时，大家会十分认真地发言，但若是换作在餐桌上，下级可能会随心所欲地谈谈想法，有些自认为不成熟的念头也在此得以表达。在咖啡厅里，上司随口问问你西装裙子的样式，你会轻松地聊几句，但若老板特地走到你的办公桌前发问，你多半会惊恐地想这套衣服是不是影响了公司的形象。这是由于在不同场合，人们的心理压力、氛围和情绪都大有不同的缘故。环境对人们的交流有着如此严重的影响，所以我们将在此进一步加以论述。

图 4-7　奔驰的维修环境

4.1.1　环境的封闭性

环境的封闭性是指谈话场所的空间大小、有无遮拦设施、光照强度（暗光给人更强的封闭感）、有无噪声干扰等因素。封闭性决定着信息在传送过程中的损失概率及人们的注意力。图 4-8 为客户休息室的良好环境。

4.1.2　环境的氛围

环境的氛围是环境的主观性特征，它影响人的心理接受走势，也就是人的心态是开放的还是排斥的、是否容易接受信息以及对接收的信息如何看待和处置等。环境是温馨、和谐的还是充满火药味的，是轻松还是紧张，是生机勃勃的野外还是死气沉沉的房间，都会直接改变人的情绪，从而作用于心理接受走势。图 4-9 为温馨、和谐的车间环境。

图 4-8　客户休息室的良好环境　　　图 4-9　温馨、和谐的车间环境

4.1.3　对应关系

说话者与倾听者在人数上存在着不同的对应关系，大致可分为一对一、一对多、多对一和多对多四种。人数对应关系的差异，会导致不同的心理角色定位、心理压力和注意力集中度。在教室里听讲座与和同事谈心、听下属汇报是完全不同的心境。听下属汇报最不容易走神，一对一的对应关系使听者感到自己角色的重要性，心理压力也较大，注意力自然集中；听讲座时，说者和听者是明显的一对多的关系，听课者认为自己在此场合中并不重要，压力很小，所以经常开小差。如果倾听者只有一位，而发言者为数众多，如多位记者齐声向新闻发言人提问，此时，倾听者会是全神贯注，丝毫不敢懈怠。表 4-3 为环境类型特征及倾听障碍源。

环境类型特征及倾听障碍源　　　　　　　表 4-3

环境类型	封闭性	氛围	对应关系	主要障碍源
办公室	封闭	严肃认真	一对一；一对多	地位和职位差异造成的心理压力；紧张；他人的打扰
会议室	一般	严肃认真	一对多	对其他在场人员的顾忌；时间的限制
现场	开放	较认真	一对多	外界的干扰；准备不足
谈判	封闭	紧张；投入	多对多	对抗心理；想说服对方的愿望过于强烈
讨论会	封闭	轻松；友好；积极投入	多对多；一对多	难以把握信息要点
非正式场合	开放	轻松；舒适散漫	一对一；一对多	外界干扰；易跑题

从以上的论述可以发现，环境障碍在很大程度上影响着倾听效果，因此，我们必须想办法加以克服，按照这种思路，还可以分析更多的场合，掌握不同场合的特征和影响倾听的主要障碍源，有助于我们选择合适的交谈场所，并主动防止可能出现的倾听障碍源。

4.2　语言表达障碍

不同的人有不同的沟通和交流的能力。语言表达能力的不同及不恰当的语言表达会造成沟通的障碍，这些障碍主要表现在以下几方面：

(1) 使用过分精确的语言。过分精确的语言，往往使听话人难以全部接收或记住。

客户："开空调后压缩机为什么有响声？"

答："空调压缩机响声的原因很多：比如压缩机本身运行时会产生响声；空调打开，冷却风扇工作时，也可能引起水箱框架与散热器共振，产生异响；变排量空调机相对于定排量空调机，在感觉上声音会略大；系统内制冷剂的加注量及纯度也会影响空调压缩机运行。如果您方便的话，我们先对您车的空调系统进行检查，然后给您一个答复，您看这样行吗？"

这里，我们作为专业人士就不能采用过分精确的语言预先设置答案，而是要等待检测结果才能下评论。

(2) 不恰当地使用省略语。不恰当的使用省略语不仅会造成沟通的困难，有时还会闹出笑话。如"上吊的（上海吊车厂的）"、"开刀的（开封刀具厂的）"等，往往令听者不知所云。

(3) 不恰当地使用专门术语。在一般的沟通中，人们都习惯使用日常用语（除非是专业人员间的专业对话），因此，应尽量使用大家熟悉的语言。对大多数人来讲，"氯化钠"也许陌生，但一提到"盐"则几乎人人皆知。例如，在汽车维修业务接待环节，有客户问到："前制动片怎么比后制动片磨损快？"如果售后服务人员这样回答："对于前置发动机的前轮驱动汽车，前轴承重比后轴承重大很多，前制动片实施的制动力大于后制动片，所以磨损得较快。"那么几乎很少有客户能真正明白。我们不妨这样表述，"制动片的磨损快，一般和它的使用频率及制动片受力大小有关。同一辆车前、后制动片使用频率几乎一致，但前、后制动片受力或者说对车轮实施的制动力是不同的,因为制动力的大小是和轴重成正比。这就像让一个乒乓球从滚动状态停下比让一个铁球从滚动状态停下要容易一样。对于前置发动机的前轮驱动汽车,前轴承重比后轴承重大很多,前制动片因为实施的制动力大于后制动片,所以磨损得较快。"如果将专业术语表述成我们日常能接受的实物或能理解的东西,效果反而更好。

（4）在太短的时间内接受太多的信息。太多的信息,让人很难在短时间内接收。

（5）口语或方言的不恰当运用。不同的国家、地区、种族的不同文化背景的群体在长期生活中形成了特定的口语与方言,如果在不恰当的场合运用,就有可能造成倾听障碍。

4.3 倾听者的理解能力和态度

倾听者本人在整个交流过程中具有举足轻重的作用。倾听者理解信息的能力和态度都直接影响倾听的效果。所以,在尽量创造适宜沟通的环境条件之后,要以最好的态度和精神状态面对发言者。来自倾听者本身的障碍主要归纳为以下两类:

4.3.1 倾听者的理解能力

交谈时,要注意与对方进行有效沟通,倾听者的知识水平、文化素质、职业特征及生活阅历往往与他本身的理解能力和接受力紧密联系在一起,具有不同理解能力的倾听者必然会有不同的倾听效果。正因为如此,倾听者在某方面的理解能力较差也构成倾听中的障碍,"对牛弹琴"便是如此。对于客户的提问,"我车的发动机为什么会有爆震声?""为什么我车的后制动有异响?"在回答时,我们应该视客户的理解程度而定。

4.3.2 倾听者的态度

除了倾听者的理解能力之外,倾听者的态度也会影响倾听效果。这些态度主要有：

（1）排斥异议。有些人喜欢听和自己意见一致的人讲话,偏心于和自己观点相同的人。这种拒绝倾听不同意见的人,不仅拒绝了许多通过交流获得信息的机会,而且在倾听的过程中就不可能集中在讲逆耳之言的人身上,也不可能和任何人都交谈得愉快。

（2）用心不专、三心二意、心不在焉。虽然倾听者身在现场,而且表面上似乎在用心努力地听讲,但倾听者本人要么心有另思、要么心不在焉,所以倾听的信息完全没有或部分没有进入倾听者的头脑中,这种倾听的效果肯定不好。

（3）急于发言。人们都有喜欢自己发言的倾向。发言在商场上尤其被视为主动的行为,而倾听则是被动的。在这种思维习惯下,人们容易在他人还未说完的时候,就迫不及待地打断对方,或者心里早已不耐烦了,往往不可能把对方的意思听懂、听全。

（4）心理定式。人类的全部活动都是由积累的经验和以前作用于我们大脑的环境因素所决定的,我们从经历中建立了牢固的条件联系和基本的联想,因此在每个人的思想中都有意或无意地含有一定程度的偏见。由于人都有根深蒂固的心理定式和成见,很难以冷静、客观的态度接收说话者的信息,这也会大大影响倾听的效果。

（5）心智时间差、讲话速度与思考速度的差异。影响有效倾听的一个主要障碍源于这样一个事实,即人们的思维远比讲话的速度快。一般来说,我们每分钟可说出 125 个词左右,人们阅读理解的速度在 500 词/分钟左右,人们理解和记忆的速度在 300 词/分钟左右。我们在倾听的过程中,由于思维的速度和听话的速度有差距,就很容易在听话时感到厌倦。为了填补这一段时间的空白,在听的同时,我们的大脑很自然地会游走到其他的想法上去,但是当我们回来时,才发现这段时间自己的思绪走得太远而遗漏了许多重要的内容。

（6）消极的身体语言。你有没有在听人说话时东张西望,双手交叉抱在胸前,跷起二郎腿,甚至用手不停地敲打桌面,或是在倾听时把手放在门把手上的行为呢？在倾听时,这些动作都会被视为给对方发出这样的信息,"你有完没完,我已经听得不耐烦了"。不管你是否真的不愿听下去,这些消极的身体语言都会大大妨碍你们沟通。

（7）身体欠佳。如疲惫、疾病以及听觉能力差等也会影响有效倾听。在一天中,人们的精力分低潮和高潮阶段（当然,具体时间是因人而异的）。上午7:30—10:30为人在一天时间中精力最旺盛阶段；上午11:00—下午1:00,人的精力处于低谷。一般来讲,在精力低潮阶段,疲劳会影响有效倾听。

（8）除了疲劳,疾病也会减弱一个人的倾听能力。当一个人患重感冒或牙疼时就很难成为专注的倾听者,也就是说,任何疾病或身体不适都会成为内在干扰而影响有效倾听。

4.4　性别差异

语言学家认为,男性和女性以不同的态度倾听。例如,女性间在谈话时,身体状态常常是面对面坐,身体向前倾,有丰富的面部表情,直接的眼睛接触和鼓励性的声音（"是的","嗯、嗯"等）。而男性间在谈话时,身体以有角度的方式坐着,姿态比较随和,保持较少的目光接触和面部表情。与女性不同的是,他们通常期待对方安静地倾听。

于是,当男性和女性交谈时,可能会产生困难。如果女性在倾听时发出鼓励性的声音,男性不是认为她不专心倾听,就是认为她真的同意自己所说的话。事实上,女性只是表示自己在听而已。而在交谈中,女性如果发现男性没有口头或肢体语言的表示,主观上则认为他们根本没有在听。事实上,男性认为他们的沉默正表示自己的专心。因此男性和女性在交谈时,双方必须了解和包涵这种差异所造成的障碍。

4.5　选择性倾向

人人都有评估和判断自己所接受到的信息的倾向。"人人都爱听奉承",这其中也有几分道理。我们往往选择我们爱听的和喜欢听的来听,因而漏掉很多有用的东西。这无疑会影响倾听效果。由于这些因素的影响,特别是有选择性的感情、看法等因素的介入,使倾听受到很大干扰。分为以下几种：

（1）过滤性倾听。有这种倾听习惯的人受自己的倾向性、偏见的影响,从而对自己所倾听到的话语无意中作了选择,丢弃了很多有用的信息。

（2）以事实为中心的倾听。这种倾听只注重接收事实、数据、资料信息,而忽视人的存在,更不注重人的感情、情绪的表露,这样会造成双方相互关系的紧张,影响信息的交流。

（3）预见回答性倾听。由于各种原因,在与对方谈话过程中,其中一方只是思考如何回答对方,而停止倾听对方所说的。

以上的倾听障碍在我们与别人的交流中随处可见,极大地影响了交流的效果。这就要求我们必须时刻注意这些倾听的障碍,要能够有针对性地找出倾听中的障碍,并因地制宜地加以克服。

5. 不良的倾听习惯

在商务活动中,有几种不良的倾听习惯。在下面的叙述中,或许你能找出符合某种类型的、你所认识的人。

5.1 不良的倾听习惯的表现

5.1.1 假装倾听者

在许多情况下,大多数人都曾假装在听,虽然他们通过双眼盯着讲话者,作出认真听的样子,他们也会时不时点头表示赞同、皱皱眉头表示反对,甚至也会说些类似"我知道"、"真有意思"、"是吗"的短评,但实际上他们并没有把注意力放在说话者那里。事实上,他们在频频点头的时候,其思绪却可能在千里之外,这就是假装专心的典型表现。

5.1.2 连续说话者

这种倾听者似乎从来不缺少说话题材,他们在每一个问题上都喜欢自己侃侃而谈。如果你给这样的人一个谈话的机会,恐怕你永远也无法插上一嘴。

5.1.3 速记要点者

这类倾听者觉得应记下说话者所说的每一个字,于是,在听的时候忙于记笔记,但当说话者说到第三点时,他才给第一点画上句号。这就是由于过于专注摘记要点而忽略了完整地倾听。

5.1.4 "我正在忙着"型倾听者

这种类型的倾听者从倾听开始就没有停下手中的事情,这类人可能在谈话中收电子邮件、接电话或整理办公桌,因此,通常说话者都会尽快结束谈话并离开。

5.1.5 吹毛求疵型倾听者

即倾听者并不关注讲话者所讲的内容,而是专门挑剔讲话者的毛病,讲话者的口音、用字、主题、观点都可能成为倾听者挑剔的对象,倾听者甚至抓住某个细微错误而贬低说话者的风格和观点。这种个人的偏颇观念时常导致敌对情绪的产生,从而影响倾听。

5.1.6 打断型倾听者

在会议或会谈中,他们是第一个打断你并指出你错误所在的人。尽管他们的信息很重要,你的错误也确实存在,但是当这类人运用这种中断对话的方法来表达自己的意见时,常常使说话者产生很糟糕的情绪,而使对话变得非常不愉快。

5.1.7 急于发言型倾听者

这种类型的人似乎缺乏耐心,忙于寻求事实或说话者的遗漏,好像他知道说话者下一句要说的内容。通常在说话者暂停或者喘口气时,他会立即介入;人们容易在他人还未说完的时候,就迫不及待地打断对方;他还时常会帮助说话人结束句子。

5.1.8 "我知道更多"型倾听者

这种类型的倾听者表现出高高在上的神态,说话人的每个话题都可能引起他自己的联想和经历,他会有意无意地以自己生活中的事件作回应。比如他会说:"那让我想起,我……"当然,他的故事和经历总是具有更大难度、更有趣或者更好的成果。

5.2 五类不善倾听者

约翰·迪格塔尼的五类不善倾听者观点:坐立不安者、追根寻源者、情感冷漠者、有耳无心者和断章取义者。

(1)坐立不安者,即那些心神不定、局促不安的倾听者。当信息传播者正在叙述时,他们总是心神不安地动来动去,这种行为有碍正常沟通。

(2)追根寻源者。这类倾听者常急于获得正确的信息,他们表现出强烈的专注心理,这样往往会使信息传播者感到发窘甚至恐慌。专注固然是良好倾听的一种表现,一旦过分,就会影响沟通的正常进行。

(3)情感冷漠者。这类倾听者只接受事实的东西,在他们看来,情感和观点没有多少价值。冷漠的态度往往阻碍信息的传递,因为这样无法在沟通中提起讲话者的兴趣。

(4)有耳无心者。这是心不在焉的一类倾听者,他们对某一信息的反应处于一种被动状态。

(5)断章取义者。他们喜欢将听到的信息加以修改,这类人属于选择性的倾听者,因而他们的信息缺乏完整性。

我们所有的人都可能不同程度地扮演着上述一种或几种角色。因此,做到有效倾听或者成为一个良好的倾听者,首先应试着改变这些不良的习惯。

6. 改善倾听的技巧

6.1 有效倾听的要点

6.1.1 努力培养倾听的兴趣

在倾听时,倾听者既要保持良好的精神状态,又要以开放的心胸和积极的态度去倾听,这样不仅能够倾听到谈话的主要内容和观点,而且能够很容易地跟上说话者的节奏。即使自己对说话者所说的话感到失望,也要努力试着倾听正面的及有趣的信息。一个有效的倾听者,常常会在倾听过程中思考以下问题:说话者谈论的主要内容和观点是什么?采取了什么样的表达方式?哪些内容和观点有借鉴价值?从说话者身上自己能够学到什么?这些问题不仅能够帮助倾听者培养倾听的兴趣,而且能够让倾听者在倾听过程中学到很多东西,这正是所谓的"从听中学"。但遗憾的是,人们在倾听时总是因自己的好恶进行取舍,只愿意听自己感兴趣的,而对自己不感兴趣的往往是充耳不闻。事实上,在交谈过程中,没有无趣的主题,只有无趣的人,关键在于自己能否培养出兴趣。

6.1.2 建立心理大纲,识别中心思想

注意倾听谈话的主题和支持主题的观点。主题或中心思想是贯穿整个内容的基本思想,识别中心思想很重要,因为所有的演说观点都与它相关联,中心思想也能帮助记忆。

在心中以空白的轮廓开始,当演讲者说话时,将要点填写在你的心像图——空白的大纲

上,如表 4-4 所示。当你描绘这个大纲时,你在主动地参与倾听过程,而且当说话者演讲完时,在你的心中也保留了说话者所说的重点。

倾听时的心理大纲　　　　　　　　　　　　　　　　表 4-4

主题 1：	主题 2：
要点 1 _____	要点 1 _____
要点 2 _____	要点 2 _____
要点 3 _____	要点 3 _____

6.1.3　经常回顾和思考心理大纲

充分利用大脑思考速度和说话速度的时间差所提供的富余时间,在倾听的同时回顾和思考说话者的观点。设法把所接收的信息与你以往的经验联系起来,这是主动倾听的重要内容。然后用一些关键词记录那些支持主题的材料,运用关键词可以帮助你高效率地记住演讲的重点。图 4-10 为工作现场的记录和回顾。

图 4-10　工作现场的记录和回顾

【案例】

客户:"我的车在质量担保期内,怎么洗个积炭还要收费啊?"

解释原因:"积炭的形成主要是汽油燃烧不充分造成的,这和汽油的油品、驾驶员的驾驶习惯等因素有关。"

表示理解:"您的心情我们能够理解。"

讲解政策:"但它确实不是产品质量问题,所以需要收费。"

提示正确使用方法:"在以后的使用中,最好能够……"

6.1.4　判断重要和不重要的信息

并非说话人所说的每件事都重要,甚至有些没有关联性,我们可以对内容进行筛选。质疑是深刻理解内容的一种方式,它可以在自己头脑中进行,也可以在倾听后直接向说话者表达。

对观点进行质疑和提问是批判性倾听的重要组成部分。说话人从哪里得到的信息?它的来源可靠吗?在说服的情景中,说服者有时会忽略掉那些不支持自己观点的理由。如果你有与演讲者所说的内容相反的信息,记下来,以便你可以在以后提问。

6.1.5　适时、适度地提问和及时地给予反馈

虽然作为一个倾听者的主要任务是了解他人所说的话,但是如果你能以开放的方式询问所听到的事,成为谈话的主动参与者,不仅有利于把自己没有听到的或没有听清楚的事情

彻底掌握,同时也有利于讲话人更有重点地陈述和表达。

说话者会根据倾听者的反馈作出适当的调整,这样会更加有利于倾听,因此在倾听时,对说话者的信息作出反馈是十分必要的。反馈可以是语言上的,也可以是非语言的,但注意反馈应清晰,易于为人所了解、所接受。比如,问问题、查验信息或以其他感觉和反应形式表达,这些都是较适当的反馈方式。当倾听者作出反馈时,说话者能根据倾听者的反应来检查自己行为的结果,从而知道自己所说的是否被准确接收、正确理解,由此决定接下来如何说和做。非口语性的反馈是由身体姿态、动作、表情来传达的,当你站、坐、皱眉、微笑或者看起来心事重重时,都是在反馈给对方某些信息。

在汽车维修接待中,经常性的电话问候、回访,可能使客户感到比较烦(特别是那些经常来做检修的老客户)。经常会听到客户说:"我的车很好啦,你们为什么老是打电话来呢?我很忙。"

遇到这类情况时,作为客户服务人员应当解释原因,作出积极反馈,"不好意思打扰您了,我们打电话给您是因为我们非常关心您车子维修后的使用情况,这是对我们自己的工作负责,也是对您负责。如果您觉得我现在打扰您了,那您看我们什么时候打过来比较方便呢?"如果客户执意我们以后都不要再打电话,那这个电话就可以不打,否则会引起客户的不满意。

我们经常会听到客户问:"你们的收费是怎么收的,不是说好100块钱一个工时吗?为什么我的车子修了才1个小时,却收费1000多?"图4-11为客户的疑问。

图4-11 客户的疑问

我们可以适时、适度地提问和及时地给予反馈:"因为我公司在维修自己的品牌车时是非常专业的,对于您来说,维修车辆的速度肯定是越快越好,维修工时与实际工作时间不是一个概念,工时是指工作时间内的工作效率与价值,所以实际工作时间的长短并不能作为衡量收费的标准,例如,修发动机需两天两夜,工费只有2000元。如果同样的收费标准、维修同样的故障在别人那里要半天,在我们这里只要一个小时,相比之下我们的工作效率与价值更高,您会选择哪里呢?"

6.1.6 阻止注意力分散

注意力分散是造成有效倾听的障碍的原因之一,在倾听时,使人分心的因素很多,一定的生理疲劳使我们感到厌倦,而其他的新异刺激也将我们的注意力转移到其他人或事上。除了周围的噪声,演讲者的口音和方言也可能让你分心;不感兴趣的主题或组织得不好的演讲,也可能很快让你失去热情而将注意力分散到其他事情上。但是,好的倾听者,常常保持着良好的弹性,他们会排除干扰,并努力倾听说话者信息中的要点。采用良好的坐姿,使自己保持在觉醒和兴奋状态,能帮助你在倾听时克服分心。另外,适当记笔记也是保持注意力集中的好方法。

总之,检查你的倾听。要改善自己的倾听效果,需要在倾听之前、倾听过程当中和倾听之后都能培养良好的倾听习惯。对照下面所列的要点(表4-5),检查你在倾听中是否做得很好。

表 4-5 倾听的要点

倾听之前	倾听过程中	倾听之后
①确定倾听的目的； ②了解自己； ③认识影响倾听的因素； ④停止讲话； ⑤集中思想； ⑥拒绝干扰； ⑦提起兴趣； ⑧使讲话者放松； ⑨避免过早下结论； ⑩控制自己的情绪	①保持良好的精神状态； ②集中思想，积极思考； ③理解信息而非辩驳； ④倾听主要内容； ⑤倾听详细内容； ⑥少讲多问； ⑦注意讲话内容而不是讲话腔调； ⑧注重讲话者的观点； ⑨控制自己的情绪； ⑩适当做笔记； ⑪抵制内外的干扰； ⑫把握思维速度； ⑬归纳所获信息； ⑭倾听话中音——没有说出来的内容； ⑮考虑证据的确凿性； ⑯避免急于下结论； ⑰避免侵犯讲话者的个人空间； ⑱保持良好的目光接触； ⑲抑制插话的冲动； ⑳表现出耐心	①积极思考所获信息； ②如有必要可进一步提问； ③归纳和判断信息； ④尊重他人观点； ⑤认识自己的情感； ⑥记住重要的信息； ⑦实事求是作出判断

6.2 改善人际沟通中的倾听

人际沟通中的倾听行为技巧除了听和记住信息外，还有更多的要求。它要求人们试着对另一个人在心理层面上和物质层面上进行了解，而这些通常是在会议和报告之类大环境下的倾听所经常忽略的。正如我们在前面所述的一样，仔细倾听似乎是一个理解起来简单做起来也不难的概念，但是令人惊奇的是，竟有如此多的人不善于倾听彼此的声音。总可以听到有人抱怨："你没有仔细听我说！"当人们责怪对方没有好好倾听时，也总能听到这样的回答："我听了，我可以重复你说的每一件事，"但对方的不满并没有因此消除。人们从关注和倾听中寻求的并不是你重复其语言的能力，录音机可以完美无缺地做到这一点。在人类的沟通中，人们要求的不仅仅是表面现象的呈现，还希望看到在心理上、情感上的共鸣或呈现。改善人际沟通中的倾听，要注意以下两个方面：

6.2.1 创造良好的倾听环境

交谈通常是在一定的环境中发生的，如果你能适应和控制环境中的因素，就能够在一定程度上改善倾听的效果。

1）适宜的时间

如果有可能，可根据沟通的需要，慎重选择有助于倾听的时间和地点。某些人工作效率最高的时间是早晨，于是他们会把重要的汇报安排在早晨。对多数人来说，一天中心智最差的时间是在午餐后和下班前，因为在饱食后很容易疲倦，而人们在下班前不愿过多地耽搁时间。因此，应尽量避免在这些时间里安排重要的倾听内容。另外，在时间上要尽量安排合理,如果你只有几分钟的时间,而这个谈话又很重要或很复杂,需要更多的时间,那么最好把它定在另一个时间段。这样做时,你可向对方解释,说明你需要足够的时间深入地与他探讨,对方一般会很乐意与你重新确定谈话的时间表。

2) 适当的地点

谈话地点的选择也很重要。地点的选择必须保证交谈时不受打扰,要尽量排除所有分心的事。另外,还要适当安排办公室的家具及座位,要使家具安放的位置不致妨碍行走,座椅的摆放能够使交谈双方直接看到对方的眼睛,这样不仅能够集中交谈双方的注意力,而且易于观察对方的非语言表现。图4-12为维修服务区。

图4-12 维修服务区

3) 平等的氛围

要根据交谈内容来营造氛围。讨论工作上的重要事情时,应该营造一个严肃、庄重的氛围;在联欢晚会上,则要营造一个轻松的、愉快的气氛。要知道,同样的一句话在不同的氛围下传到听者耳朵里的效果是不同的。但不管哪种氛围的营造,都要遵循平等、信任、协调的原则,这样才能使谈话的氛围成为有利的条件,而不至于变成沟通的障碍。

6.2.2 关注人际沟通的心理层面

这主要有以下几个方面:

1) 少说话

大多数人乐于畅谈自己的想法而不是聆听他人所说。很多人之所以倾听仅仅因为这是能让别人听自己说话的必要付出。尽管说话可能更有乐趣,而沉默使人不舒服,但我们不可能同时做到听和说。一个好听众知道这个道理,能够做到多听少说甚至不说。因为你一旦说话就无法倾听。倾听需要两只耳朵共同发挥各自的作用,一只听信息,一只听感觉。

图4-13 倾听时注视对方

2) 注视对方

有时,特别是在令人困窘的对话中,要直视他人的眼睛是很困难的。但是一位细心、敏感的倾听者,应适当注视对方的眼睛,而不是看窗外、看天花板或者看对方肩膀后面。如果直视眼睛很困难,则可以用弥漫性的目光注视对方的眼睛周围,如发际、嘴、前额、颈部。目光接触是一种非语言信息,表示我在全神贯注地听您讲话。图4-13为倾听时注视对方。

3）倾听说出来和未说出来的信息

说出的话是重要的，因为它告诉我们他人在想什么。但是，好的倾听者在倾听中可以得到许多对方未说出的信息，他们也不仅倾听说出的事情，而且倾听某事是如何说出的。许多时候，人们的非语言行为透露出真实的含义，倾听时尤其要注意观察与语言表述相抵触的那些非语言行为。

4）主动倾听并验证所获得的信息

可以适当重复对方的话，也可以换个角度说明对方的信息，这既可以帮助你获得正确的事实，同时也是对说话者的一种反馈。明确表示你理解对方之意的语句有：

"据我了解，您觉得……""我感觉到您……""所以，我认为……""我想我听到的是……""我不确定是否听懂了，但……""您相当看重……""您现在的感觉是……""您当时一定觉得……""您的意思是说……"

【案例】

(1) 客户问："为什么你们各地区4S店的工时费不一样，有的便宜，有的贵？"

售后服务人员："非常感谢您提出这个问题，因为各地区的行业规定、物价水平不同，所以各服务厂工有时会略有不同，但请您放心，我公司在全国所有4S店的收费标准都经过国家相关部门的严格审批，如您对您的账单有疑问，可随时与我们联系，我们会尽快给您一个满意的答复。"

(2) 建议客户在到厂前进行预约，客户说："我不要预约，有空我会自己来你们服务中心。"

售后服务人员："对于您的这种心情，我们完全可以理解。可是您只要在进厂一个小时前，花几分钟时间与我们确认您方便维修的时间，就可以省去您数小时的等待时间，而且我们这里还设有预约绿色通道，您不觉得预约其实对您非常有利吗？"

(3) 客户问："维修站的零件为什么不可以外卖？我在外地，我住的地方没有维修站，维修很不方便，能不能把配件卖给我，我拿回去修？"

售后服务人员："我们非常理解您，其他客户也提过类似的问题，请允许我解释一下，汽车厂商采用的是封闭式的配件供应模式，目的就是为了保证车主在服务站能获得纯正的配件，您知道汽车的维修和维护需要较高的专业技术，配件不外卖也是为防止非专业人员向您提供不恰当的服务，从而危及您的驾车安全。"

(4) 客户非常生气地问："为什么我们不能自己开车到车间或是进车间看自己车辆的维修过程？"

售后服务人员："您的心情我们可以理解，对于检查质量您可以完全放心，我们服务站的维修工都是技术过硬的技师。另外，检查完毕后，我们会进行验车，以保证车辆的维修质量，在这段维修期间，您完全可以安心处理您的事务，如有什么问题，我们会及时与您联系。

在维修车间内，车辆不断地移动，举升架不断上下举升车辆，从安全的角度上来说，我们不建议您进车间，另外，汽车维修是一个十分精密、仔细的过程，就像医生做外科手术，如果我们的每个客户都进车间看维修过程，会造成我们的车间管理混乱。同时，休息区有一大块玻璃可看到车间的维修状态，您不用进入车间便可看到一切。如果必须进入车间与维修人员直接沟通,请您去业务前台拿一个参观证,在服务顾问的陪同下进入车间。"或者可以这样回答客户:"我们车间里有技术专家对您的车做深入检查,请您放心,我会跟踪维修的进度并在第一时间告诉您结果。另外,车间内的废气、噪声可能对您的健康有影响,加上车间内的车辆和工具可能对您的安全构成威胁,如果您确实想参观一下,建议您只看几分钟,最好还是到休息区等候吧,而且休息区也可以直接看到车间的情况,您看好吗?"或者这样回答:"因维修车间比较危险,一般是不建议客户进入的。如果您一定想看一下的话,我还要帮您办一个手续,而且还需要签字。您稍等一下,好吗?"维修车间如图4-14所示。

图4-14 维修车间

(5)客户问:"为什么轮胎会起包?"

售后服务人员:"对您的疑问,我们很能理解。轮胎起包现象多是由于使用中受到较大的外力冲击,造成胎壁帘布层局部断线后形成的,例如,车辆过沟坎或减速带时没有及时减速、上马路牙子、轮胎侧面剐蹭、挤压等情况都会造成轮胎起包。建议您在驾驶过程中,过沟坎或减速带时及时减速,注意不要让轮胎的侧面发生挤压剐蹭。如果轮胎起包建议您及早更换轮胎,否则在行车过程中易出现爆胎的危险。"

(6)客户有时候咨询:"为什么要做四轮定位?"

售后服务人员:"您提出了一个非常专业而且复杂的问题。简单地说,为了保证汽车在行驶状况下的安全性、稳定性,轮胎安装是都有一定的倾斜度(称四轮定位),以达到最佳行驶的效果。您的车经过一段时间的使用,特别在车辆运行时,发生行驶跑偏、行驶稳定性差、轮胎偏磨或发出尖锐声,专业技师需要对这个倾斜度数值进行重新检测、调整,确保您的车始终处在良好的行驶状态,减少轮胎、悬架系统零件的摩擦,所以您可据自己的爱车使用情况,适时去服务站调整四轮定位。"

(7)客户打来电话:"发动机故障灯亮了,还可不可以继续行使?"

售后服务人员:"您好!我听到的是您的爱车发动机故障灯亮了。发动机故障灯亮,说明您的车辆有故障出现了。如果正在行驶过程中,不必惊慌,您观察一下水温表指示是否正常,感觉一下发动机运行状况怎么样?如果水温正常、发动机工作无明显异常,请您将车辆开到最近的服务店检查维修,防止长时间带病行驶对车辆造成不良影响,行车中注意不宜高速;如果水温高或者发动机有异响,请就近停车,我们会赶紧来救援。"

5)提问

提问能使倾听更具有含金量。在倾听过程中,适当地提出问题,与对方交流思想、意见,往往有助于人们相互沟通。沟通的目的是为了获得信息,是为了知道彼此在想什么、要做什么。适时、适度的提问,不仅能够促进、鼓励讲话人继续谈话,从对方谈话的内容、方式、态度、情绪等方面获得更多的信息,而且能够促进双方和谐关系的建立,因为这样的提问往往有尊重对方的意味。

(1)可能使用的封闭式问题。封闭式提问能用一个词回答(例如,"是"或"不是")。使用这类提问的目的是确认信息,检查你的理解程度或将洽谈引向结束。一些经常使用的封闭式提问,例如,"噪声像敲击金属的声音?""仅在猛烈制动时发生?""您之前是否做过四轮定位?""加速时发动机是否有熄火的现象?""制动时车辆是否有跑偏?"

(2)可能使用的描述性问题(预诊断提问举例见表4-6)。

表4-6 预诊断提问举例

主要问题	举例解答
问题是什么?	损坏,噪声,振动,异味;不启动
感觉(或声音)像什么?	嘎嘎声,隆隆声,尖叫声
它(噪声)来自哪里?	地板上,前轮胎,发动机舱
什么时候(在什么条件下)出现问题?	高速行驶,右转弯,加速早
什么时候(多长时间)出现一次?	每天
什么时候开始出现问题?(第一次发现问题是什么时候?)	3天前,购买不久

(3)在进行故障诊断沟通时,应做到以下两点:

①必须询问故障症状发生时,汽车的行驶条件和环境,以供故障诊断参考使用。

②提问时使用通俗言辞,尽量不要使用专业术语。

6)接受和给予反馈

反馈可以是语言上的,也可以是非语言的,但注意反馈应清晰,易于为人所了解、所接受。比如,问问题,查验信息,或以其他感觉和反应形式表达。当倾听者作出反馈时,说话者能根据倾听者的反应来检查自己行为的结果,他们就会知道自己所说的是否被准确接收、正确理解,从而决定接下来如何说和做。非口语性的反馈是由身体姿态、动作、表情来传达的,当你站、坐、皱眉、微笑,或者看起来心事重重时,都是在反馈给对方某些信息。反馈是有效倾听的一个重要组成部分,如果只是"倾听"而毫无反馈,对于信息提供者来讲,就好比是"对牛弹琴"。有效反馈是有效倾听的体现,管理者通过倾听获得大量信息,并及时作出有效反馈,这对于激发员工的工作热情,提升工作绩效具有重要作用。

常见的反馈类型包括以下几种:评价、分析、提问、复述和忽略。

(1)评价。即对所获信息加以判断和评价。例如说:"这样做很好!"

(2) 分析。对所获信息加以剖析。例如说:"您所指的是……"

(3) 提问。积极有效的倾听可借助提问以获取更多的相关信息。同时也给对方传递了一个积极的信息:你对其叙述的事情很感兴趣,表明你十分乐意听。

(4) 复述。即通过对有关信息的复述,以核实所获信息正确与否,为对方纠正你的错误提供机会,同时也有助于向信息提供者表达自己的兴趣所在。

(5) 忽略。即对所获信息不作任何反应。所持的态度是"忘了它吧!"

在倾听过程中,有效反馈可以起到激励和调节作用。当然,要使反馈有效,沟通双方应建立起相互信任的关系,创造良好的沟通氛围。反馈必须适度,因为不适当的反馈会让对方感到窘迫,甚至反感。若以评价方式作出反馈,这类评价应持中立态度,不要简单地评论,如"这简直是大错特错!"

预诊断沟通技巧。在和客户谈话的过程中,如下四个技巧将有效地帮助你从客户那里获取所需要的准确信息。预诊断沟通技巧见表4-7。

预诊断沟通技巧　　　　　　　　表4-7

技巧	说　　明	目　　的
澄清	澄清意味着获取信息,弄清信息,弄清你得到的信息,了解客户关心的问题; 澄清时,根据情况,你可使用几类不同的提问。它们是开放式提问和封闭式提问	确认问题; 获得更多问题; 促使反馈; 加深理解; 表现你的关心
重述	将说话者的话变成你自己的语言,借此机会检查你对说话者的理解。例如: "正像您所说的……"; "我很理解您……"; "换句话说……"	确认问题; 获得更多信息; 促使反馈; 加深理解; 表现你的关心
同感	同感指的是使用同情的语言,肯定说话者的感觉和你对他的理解。例如: "我知道没有车对您是多么的不方便……"; "我理解,因为故障使您对您的车辆安全性能不信任……"; "经受这么长的时间的噪声干扰,您肯定是非常痛苦的……"	这种表达感情的方式能帮助你: 肯定说话者的感受; 再次确认你理解说话者的感受; 促使你得到更多的反馈; 表现你的关心; 加深理解
归纳	归纳指的是简单扼要地重申谈话的要点。如: "我们解决的问题……"; "对于您所说的,我准备……"; "我们同意采取如下步骤……"	归纳能帮助你: 弄清所说的问题; 明确双方同意的项目; 防止将来误解; 促使更多的反馈; 表现你的关心

6.2.3 改善商务活动中的倾听

如果你希望在公司管理中采取措施以提高倾听效果,那么,下面的14点建议可供参考。

(1) 举行一次或几次研讨会,讨论一下倾听在商务活动中的角色和作用。

(2) 利用现代管理培训手段,比如对录像进行分析,让大家不仅听到表演者的声音,还看到他们的态度、姿势和行为等非语言信息。

(3) 如果可能的话,找一些专家和权威人士,与他们共同讨论倾听在商务活动中的运用,这些人可以选自那些将倾听作为交流培训课程内容的大学里。

(4) 让员工在工作中就如何倾听做一次实验。让每位员工把一天分成每4个小时一部分,每部分又进一步细分,并记录其在一天中用来听、说、读、写的时间。在交流结束后,讨论这些形式的作用,确定我们在倾听上所花的时间以及提高倾听效果对改善工作效率的作用。

(5) 就人们的听力进行标准化的测试并给出分数,分析个人所得分数的含义。

(6) 提供一个包括文学名著、演讲以及与员工工作有关的音像资料的图书馆,向希望在休息时间学习倾听方法的员工外借。

(7) 录下一些业务主管和其他人员所作的工作报告,当有新员工加入时,把倾听这些内容作为必要的培训项目,用客观的方法考察他们的理解力,并强调倾听在日后工作中的重要性。

(8) 用角色扮演的方法去评价管理者倾听下属抱怨的效果。管理者在倾听时是否掺杂了感情因素,是否采取了鼓励员工自由发表意见的方式。

(9) 要求保险人员在记事本上为每位客户分设一栏。每次拜访后,记录下所有听到的有用信息,在每次回访时,将这些信息作为参考。

(10) 如果公司有许多忠实客户,可邀请一些言谈思路清晰的客户加入关于查勘技能的讨论。了解他们如何看待查勘定损人员的表述能力和倾听能力,找出客户对查勘定损人员倾听能力不足的看法。

(11) 如果在计划的会议时间外还有空余时间的话,举行一个倾听评价会。让每个成员评估一下在自己讲话时,其他人在倾听方面的注意力,并报告他自己的倾听效果。

(12) 在培训课上,选定一个主题,设计并组织讨论,其间进行录音。然后播放录音带,就倾听效果展开讨论,看大家在倾听上表现是否良好。如果会议离题了,分析是否由于倾听不良而导致该问题的产生。

(13) 在就具有争议的问题而召开的管理会议上,采取欧文·李的"强行统一程序",即会议主席要求在一段时间内,争议中的一方可在不被打断的情况下自由发表观点;反对的一方仅限于提出问题、澄清事实及就所讨论的问题征求意见、询问信息。

(14) 为员工及其家属和朋友举办一系列讲座。可以是人们感兴趣的学术或娱乐方面的话题,同时向员工指出这些讲座也是提高倾听效果培训的有机组成部分。

当然,以上建议并非适用于所有的情况。最重要的不是每个具体建议的操作带来了什么,而是人们在提高了倾听意识和效率后,能够为工作和商务活动所带来的好处。

6.2.4 移情式倾听

1) 什么是移情式倾听

许多人对他人的信息有习惯性的反应,比如批判式的倾听,这样的反馈可能有效,但当你在倾听某人的情感时则无效,甚至是负面的效果。我们经常要与他人分享自己的感情,他人也经常希望我们为了情感而倾听。倾听他人的情感是给予其情感支持的一种方式,而这种能力也造就了我们与他人之间的一种亲密关系。如果没有与他人世界的接触,你就无法理解这个世界。移情式倾听以一种与沟通对方同在的方式进行倾听。

移情式倾听指的是加入到别人的情感和意见中去的听的能力。它意味着站在别人的立场去思考和理解他们所说的话。听者在想象中将自己投影到对方的框架中去理解对方信息的完整意义。移情性是设身处地为客户着想和对客户给予特别的关注,换句话说就是如果我是有这种要求的客户,我最希望服务人员用什么样的态度来对待我。移情式倾听有下列特点:接近客户的能力、敏感性和有效地理解客户需求。例如,服务员为误车的客户着想并努力找出解决问题的方法。

2) 移情式倾听的层面

移情换位不光能对沟通的对方说:"我理解"。还包括以下两个层面:

(1) 表层的移情换位。听者简单地解析、重述或总结沟通的内容。

(2) 深层的移情换位。听者不仅有表层的参与,也能理解对方隐含的或没有说出来的内容。

【案例1】

甲:"我用了整整1个月时间来拜访这位客户,结果还是没有签单。"

乙:"你感到很难受,因为你已经非常努力地工作,但仍然没有签单。"(表层的移情换位)

丙:"你下了那么大工夫但仍然没有签单,你感到有些气馁。当你非常努力但还达不到预期目的时,你一定非常难受。发生这种情形时,人们很容易陷入失望并觉得对不起自己。"(深层的移情换位)

【案例2】

客户:"我的汽车行驶两个月左右时出现行驶中熄火现象,当时转向和制动都没有了,车辆发生碰撞,转向盘和底盘移位,气囊爆开,我受了轻伤。"用户坚持认为车的质量有问题,而且给他造成了很大的伤害和损失,他的态度很强硬。这时,应对其进行安抚。

客户服务人员:"发生这样的事故实在是太遗憾了。我知道,车祸太可怕了,我特别能理解您现在的心情,车撞坏了,我们和您一样心疼。"(表层的移情换位)

迅速行动,帮助用户找到真正的肇事原因。

客户服务人员:"您别着急,只要是我们能帮您做的,我们一定会尽最大的努力。我请技术专家过来,我们一起去看一下车的情况,您看行吗?"向用户表明我们对质量问题的态度。"您放心,如果判定是质量问题,厂家都是有相关政策的,我们会帮您妥善处理的。"(深层的移情换位)

用户是来投诉的,应迅速向服务经理汇报,避免令用户产生推诿或拖延的感觉。

(3) 移情式倾听的技巧。倾听时,你必须暂时忘掉自我意识,使自己沉浸在与对方的谈话中。要使对方可以发泄情绪,觉得自己真正被了解了,而不是被评判。运用非语言传达感受,运用语言真诚地给予回应。有效的移情技巧必须建立在关心他人及真心想了解他人的基础上,这并不太容易做到,下面是倾听他人情感、表达关注的几个要点。

① 面对你的交谈者。正面地对着一个人往往被认为是一种投入的基本姿势,在一定意义上可以理解为"我同你在一起,你随时可以得到我的帮助"。如果你一边与一个人说话,一边却将身体转开,这可能会降低你与他接触的程度。即使当人们围成一个圆圈坐的时候,我们通常也会尽力以某种方式转向正在与我们进行交谈的人。

② 开放的姿势。双手双脚的交叉有削弱你给他人的关心感和愿意提供帮助的感觉。而开放的姿势可成为一个信号,显示你对当事人和他的信息持接纳的态度。开放的姿势通常

被看做一种非戒备的姿态,倾听者需经常地问自己:"我现在到底在多大程度上对说话者传达了接纳和协助的意思呢?"

③经常将身体倾向对方。这是表达关注的可行方法。深度倾斜。两个亲密交谈的人,我们会发现他们都倚靠在桌子上向对方倾斜,自然而然地表现出关心。轻度倾斜。人们往往将轻度地倾向某人看做是"我对你所说的有兴趣"。往后仰,最严重的是斜靠椅子上,这可能表示"我的心没有完全在这儿"或"我有点厌烦了"。过于前倾,可能吓着对方,这会被当做是一种向对方要求得到某种接近或亲密的方式。

④保持良好的目光接触。处于深谈中的人保持相当稳定的目光接触并非不自然,这同盯着别人看是两码事。两个深入交谈的人的目光接触数量之多令人惊讶,这种目光接触是以另一种方式在说:"我跟你在一起,我在认真地听你说的话。"当然,偶尔将目光投向远处,并不违反这一含义,但是你的目光不断地飘向别处,你的行动便给出了不情愿与对方在一起或对他的事不太感兴趣的暗示,或者这也是你有些不舒服的表示。

⑤在上述行为中力图做到相对地放松和自然而然。放松的意思是,第一,不要表现出局促不安或不自然的面部表情,否则对方会诧异是什么让你感到那么紧张;第二,指你的身体动作应显得轻松自如。当你轻松自如时,对方也容易变得轻松自如。

⑥移情式倾听着重在使说话者被了解,因此要在倾听中恰当地表达出你对他的理解。这种表达可以是重复对方的字句,而不是表达自己的感受;也可以重复对方所说的内容,比如用自己的话总结大意。需要表达自己的感受时,一定要深入了解对方的含义,并捕捉对方通过身体语言及音调、音色所表达出来的感受,用自己的语言来表达对方的意思和感受。

(4)移情式倾听的适用范围。何时使用移情式倾听?有时候静默和容忍的方式比较有效;有时批评式的倾听尤为重要;而在许多人际交往活动中,适当的反馈也能起到作用。在特定的情形下,移情式倾听才能发挥重要作用:

①当我们不确定我们是否了解情况时。
②当人际关系紧张或信任度较低时。
③当交流过程掺杂强烈的情感因素时。
④当情况过于错综复杂或我们不是很熟悉情况时。
⑤当我们不能肯定对方是否明白我们想表达的意思时。

移情式倾听的本质不是人云亦云,而是通过倾听,深入了解对方的情感与思想。当我们设身处地地为别人着想时,便具有了同理心。同理心不表示全盘接受(同情心),而是表示我们愿意去了解别人的观点。移情式倾听的目的就在于,在深入了解对方的情绪和思想的基础上实现有效沟通。

思考与练习

一、讨论题

1. 如何界定倾听?
2. "用耳听就是倾听"这一说法对吗?为什么?

3. 什么是移情式倾听？移情式倾听的技巧有哪些？

4. 联系实际，分析有效倾听最主要的障碍有哪些？

5. 你将如何根据自己的情况提高倾听技能？

二、情景演练

作为一名注重倾听的管理者，你遇了下列情况：

（1）一名灰心丧气的部门主管在进行项目情况汇报时说："楼上的那些人（其上司）为什么不预先多给我们一些有关这些项目的信息？"

（2）一名忐忑不安的员工对经理针对其糟糕的报告作出反应时说："我的确想做好工作，只是不知道我错在哪里。"

（3）经理就过去一年半时间里员工的表现进行第三次绩效考评后，有员工评论道："我在这家公司8年了，但好处从来轮不到我。"

（4）保险公司经理王洋发起一个质量管理活动，旨在减少作业步骤和循环时间。另一位经理摇头说："你去年已经搞过这个活动了，行不通的！"

（5）汽车销售主管要求两位助理小溪和小雅负责筹划本公司在一个贸易展上的展位。小溪说："让小雅自己负责，我再也不想跟她一起负责任何贸易展，她从不做好分内的工作。"

（6）父亲要求儿子不要在外面待得太晚才回家，16岁的儿子对爸爸说："这是我的生活方式，我可以自己作决定。"

父亲应该如何回答儿子？

针对上述情况，做情景演练。

三、案例分析

【案例1】

与用户李小姐约好下午4点取车，但是已经4点半了车辆还未修好，用户不高兴，车间主管报告说还要再等一下。用户十分不满，因为她5点钟之前要去幼儿园接小孩儿。

【案例2】

客户在质保期内发现车辆的炭罐发出嗒嗒的声响，已按照他的要求免费更换了一个新的炭罐。但用户发现新的炭罐响声更大，于是到服务站投诉产品质量问题。

要求：

作为服务顾问，在听到了客户的抱怨后，如何有效与客户沟通并解决客户抱怨？要求服务过程中能够正确解决客户问题，体现对客户的关怀，提升客户满意度。

四、模拟练习

（1）客户刘女士告诉业务接待人员："我的汽车挂挡困难，有时挂不上挡。"客户没有预约，车辆其他情况如下：

①大概是在一个星期前开始出现的情况。

②车子挂挡困难，有时挂不上挡。

③目前车辆行驶里程是三万千米，手动挡。

任务：模拟业务接待员接待需要故障维修的车辆。

（2）如果客户说发动机怠速的时候发出很大的响声，并且转速忽高忽低、忽快忽慢。作为汽车售后服务顾问，你将向客户提出什么样的描述性问题和封闭式问题？

拓展学习

客户的诉求或意见,是汽车售后服务人员了解客户信息的主要来源,通过倾听对方的诉求或意见,从中了解和分析出对方的真实意图。因此,你要针对客户的需求开展营销,就必须增强自己的倾听能力,从中发现有利于营销开展的信息。那么,我们在日常的电话营销工作中,就应该注意以下几个方面的素质培养。

(1) 你必须理解倾听客户诉求的重要性。如果你意识不到多听一点对方诉求的价值,那就完全没有必要浪费时间去提高这种接受外部创造性的能力。

(2) 你必须全神贯注地倾听。当对方讲话时,想象一下你的眼睛充满活力地看着他,这不但让对方感觉到自己受到你的重视,而且有助于你对客户的多方面了解。业务人员通过电话联系,让客户得到以下服务:

①询问客户用车情况和对本公司服务有何意见。

②询问客户近期有无新的服务需求需我公司效劳。

③告之相关的汽车运用知识和注意事项。

④介绍本公司近期为客户提供的各种服务、特别是新的服务内容。

⑤介绍本公司近期为客户安排的各类优惠联谊活动,如免费检测周,优惠服务月,汽车运用新知识晚会等,内容、日期、地址要告之清楚。

⑥咨询服务。

⑦走访客户。

电话中的倾听能力是作为一名汽车售后服务人员的合格能力,请你测一测自己的电话倾听能力。电话中的倾听能力测试内容见表4-8。

电话中的倾听能力测试　　　　　　　　　　　　　　　　　表4-8

题 目	总是	经常	有时	偶尔	从不
1. 我总是对在讲话的人表示我有兴趣					
2. 即使谈话的主题变得很枯燥,我仍然继续倾听					
3. 即使谈话的主题很复杂,我也能集中精力					
4. 我会尽力为我接听电话,创造一个好的环境					
5. 即使谈论的主题我不了解时,我仍然继续听					
6. 我解释一下对方的观点以保证我的确理解它了					
7. 我不时地总结一下谈话要点					
8. 我总是全神贯注地接听电话					
9. 我总是对新讨论的主题表现出兴趣					
10. 我总是能很好地控制我的情绪					
11. 当谈到一些关键问题时,我总是把它们记下来					
12. 我记录了所有我的电话的时间和日期					
13. 在谈话开始的时候,我就问清楚对方的姓名					

续上表

题 目	总是	经常	有时	偶尔	从不
14.如果办公室很忙的话,那么我会面对墙壁接听电话以避免受到干扰					
15.如果对方打来电话的时候我不方便,我会另外安排时间再打过去					
16.我一句一句地揣摩出对方的言外之意					
17.当对方讲话的时候我不会打断他					
18.在对方讲话时我会全神贯注地听,而不是考虑接下来我说些什么					
19.我会要求对方解释我听不懂的地方和专业术语					
20.我不时发出一些声音,如"好的"来表明我正在听					

电话预约考核工单见表4-9。

电话预约考核工单　　　　　　　　　　　　　　　　　　　表4-9

情景模拟:湘A×××××的李先生致电要求预约在3月15日的下午2:30来我店为其车辆做一个15000公里的常规维护,以下电话预约考核项目	完成情况	
	能	否
1. 问候客户		
(1)在电话铃响三声内接起电话,面带微笑,吐字清晰,声音明快地向客户自报店名和姓名: "您好!欢迎致电×××,我是服务顾问×××,很高兴为您服务"		
(2)如果电话铃响超过三次,接起电话时应首先向客户表示歉意: "您好!很抱歉让您久等了,欢迎致电×××,我是服务顾问×××,很高兴为您服务"		
2. 确认顾客的需求并进行预约安排		
(1)客户提出维修维护等预约服务要求后,SA要仔细倾听客户的需求,并做好记录		
(2)当客户表示有时间继续电话交流后,SA开始询问客户和车辆的信息: "请您告诉我您的姓名和车牌号,我来查看您的维修维护记录,您看可以吗?"		
(3)当客户说出自己的姓名和车牌号时,SA将其详细记录并向客户复述以确认: "明白了,李先生,车牌号是湘A×××××,对吗?"		
(4)在得到客户确认后请客户稍等,迅速进入系统调出并查看客户资料,并向客户描述信息: "好的,谢谢您!请你稍等片刻好吗?我查看您的车辆资料" "让您久等了,您是××(详细地址)的李先生吧,于×年×月×日购买的××车型,对吗?"		
(5)询问客户自己希望的预约时间和预约维修维护内容后,详细记录并确认: "那么,李先生,请问您希望在哪一天哪一个时间段做这个15000公里的维护呢?"		
(6)如果在客户要求的维修维护时间无法接待,SA应向客户建议其他日期和时间: "很抱歉,这个时间已经预约满了,您看您在3月15日下午4点或3月16日上午9点任何一个时间段可以吗?"		
3. 最后确认及报价		
(1)确认日期时间后,对客户表示感谢,询问客户车辆是否存在其他问题,并准确地记录: "谢谢!顺便问一下,您发现您的车有什么别的问题吗?无论什么方面的问题都可以告诉我"		

续上表

情景模拟:湘A×××××的李先生致电要求预约在3月15日的下午2:30来我店为其车辆做一个15000公里的常规维护,以下电话预约考核项目	完成情况	
	能	否
(2)确认客户的预约要求后,向客户做整个维修维护的报价说明,并说明维修维护时可能会出现追加项目。 "我想您说明一下收费情况吧,15000公里维护的基本费用是××元,到时根据维护检查的结果,有可能需要进行其他方面的具体情况,我们会在您光临本店时进行详细说明"		
(3)针对至少提前一天通知客户的问题征求客户意见,并询问客户方便的联系时间: "另外,我们到时将在预约时间前一天再给您打电话确认,您看在什么时间方便给您打电话呢?"		
4. 电话结束		
(1)最后向客户致谢,结束电话预约: "好的,李先生,谢谢您今天来电做车辆维护的预约登记,我是××,已受理了您的预约登记,如果您有什么问题,请随时与我们联系。再次感谢您致电预约,再见!"		
(2)等客户挂断电话后再将电话轻轻放下		
(3)详细填写预约登记表,预约表中的各个项目要仔细填写,笔迹清楚		
5. 确认预约		
(1)在客户预约时间的前一天与客户再次确认预约,提醒客户预约维修维护的日期和时间		
(2)在客户方便的时间给客户打电话,电话接通后确认对方是要找的客户: "您好!请问××先生(女士)在吗?"		
(3)确认对方是要找的客户后,问候客户,向对方自报身份并询问对方是否方便接电话: "××先生(女士),您好!我是××××的服务顾问×××。请问您现在方便接电话吗?"		
(4)确认客户方便接电话后,简要说明致电目的: "是这样,给您打电话主要是想跟您确认一下您预约维修维护的事情。您定在明天×点预约维修维护在时间上不需要什么变动吧?您到时有时间来店吗?"		
(5)确认客户会准时到店后,对客户表示感谢: "好的,我们将为您的爱车做好维修维护准备,恭候您的光临。非常感谢您接听电话,再见!"		
6. 预约工作准备		
制作并打印维护单据,为客户来店做好准备		

说明:如果做到了表格里的内容,在后面相对应的"是"栏中画"√",反之在"否"栏中画"√"。以此衡量电话预约做得是否到位。

学习单元 5　客户投诉心理分析

 学习目标

1. 掌握客户投诉的目的及意义；
2. 能够描述客户抱怨产生的心理过程；
3. 通过学习能够分析客户抱怨投诉目的与动机(精神满足、物质满足)；
4. 通过实际案例来分析四种客户性格特点；
5. 根据案例分析客户四种性格与抱怨投诉的心理及利用技巧来处理投诉。

 学习时间

12 学时。

1. 投诉分析

1.1　什么是投诉

投诉是客户对产品质量、维修品质、服务质量或价格等要项感到不满时而抱怨，要求公司负责处理或提出相应的弥补措施，或寻求其他的相关单位协助安排处理的一种行为。

1.2　客户抱怨及投诉的产生原因

当今服务业发展日趋完善，竞争日趋激烈，一切从客户利益出发，一切为客户着想的经营理念，已经被业内绝大多数人士所认同。但是在不断研究和探索客户意愿的过程中，仍不可避免地要面对客户的投诉。而且客户投诉所涉及问题之广泛，对产品、服务之挑剔都使我们感到越来越难处理。这是因为客户的需求无论从内容、形式上，还是从需求层次上较之以前发生了很大的变化，而我们提供的产品和服务却没有跟上客户需求的变化，所以，必然会引起客户的不满，并利用各种方式来表达他们的意见和要求，产生投诉。

一般来说，只要客户不满意而投诉，那就说明我们的管理或服务有疏漏之处，所以分析客户投诉，首先应从主观因素方面入手。客户投诉有着较为复杂的心理过程，且因人、因事而异，故而也存在客观的不定因素，也使我们处理客户投诉成为较棘手的问题。综合分析各种原因，主要有以下四点：

(1) 对产品质量投诉。

(2) 对服务态度的投诉。不尊重客户,表现在表情冷淡,态度生硬,不尊重客户的生活习惯;无端怀疑客户;对客户的外貌和衣着指指点点等。故意拖延客户;损坏或遗失客户物品;忘记或搞错客户委托代办的事情等。技能不熟练,培训不到位,匆忙上岗,工作失误较多。不能一视同仁,以貌取人,厚此薄彼,冷热不均,当着客户的面拉关系走后门等等。

(3) 对公司的投诉。企业不注重社会形象,使客户失望。如虚假广告宣传、出售给客户的商品有假冒伪劣情况等。法制观念较淡薄,客户的自我保护意识和法制观念正在增强,而我们却不懂得如何尊重和保护消费者的合法权益。

(4) 客户满意度不同。客户个性不同导致不同的客户对待满意的态度不尽相同。理智的客户遇到不满意的事,也不会大吵大闹,但会据理力争,寸步不让;急躁的客户遇到不满意的事就会投诉且大吵大闹,不怕把事情搞大,最难对付;而有些客户遇到不顺心的事,可能会无声离去,决不投诉,但永远不会再来。

1.3 客户抱怨到投诉的发展

客户抱怨发展演变而形成投诉,一般分为三个阶段:潜在抱怨、潜在投诉、投诉。由此可见,客户投诉并非一朝偶然爆发,而是由诸多必然的潜在不满意累计形成。所以,平时工作时就应该尤为关注对客户满意的细节处理,即一定程度上做好投诉的预防工作。抱怨过程中客户的心理特点如下:

1) 潜在抱怨阶段

客户从不满意到投诉,在心理上表现为渐进过程。当客户买到低于期望值的商品或服务时,就会失望产生挫折感,对服务人员产生情感抵触。这时,如果我们善于察言观色,妥善加以处理,如及时道歉、加以解释或用心为客户服务,去感化客户,就有可能化解矛盾。

2) 潜在投诉阶段

客户的不满之情没能得到关注和化解,情感抵触逐步积蓄上升为情感冲动,导致行为失控。我们经常听到客户在投诉时说:一忍再忍,简直太气人啦! 冲突爆发形式和程度,依客户道德修养和个性决定。

3) 投诉阶段

客户不满之情发展到极点,寻求情感宣泄的表达方式,如投诉或报复。

1.4 客户投诉时的心理特征

1) 寻求尊重

寻求尊重是人的正常心理需要。在服务的交往过程中,消费者寻求尊重的心理一直十分明显,而在进行投诉活动时这种心理更加突出。一旦发生投诉,他们总认为自己的意见是正确的,并立即采取行动,希望受到当事服务员或管理人员的重视,要求别人尊重他们的意见,当面认错并赔礼道歉,以恢复尊严。

2) 寻求发泄

消费者在碰到使他们烦恼的事情、正当的需求没有得到满足或受到不公正的对待而产生挫折感之后,心中充满了怨气、怒火,必然要向服务人员发泄怒气,利用投诉发泄,以寻求情感补偿,维持心理平衡。

3) 寻求补偿

当人们寻求满足,而又受种种条件的限制无法得到满足的时候,寻求满足就会变成寻求补偿,这是现实生活中普遍存在的现象。这也是完全合乎规律的现象。客户的怨气宣泄之后激动情绪得到缓解,他们要维护其自身合法权益。一般情况下,客户因受损失而投诉,除对物质损失要求补偿外,更多的是对精神损失要求物质索赔,以求得心理平衡。

通过以上粗略分析可以看到,处理客户投诉,说到底是要解决客户和公司情感联系问题。投诉处理得好,就会得到客户的谅解,使坏事变成好事,从而改善客户对企业的印象。同时,还应该知道,只要我们多站在客户的立场思考问题,在出售产品和服务中注入更多的情感、注入极大的耐心和爱心,以换得客户的满意及对我们工作的理解和支持,并妥善处理客户投诉。处理客户投诉的目标是,使满腹牢骚的客户,最终满意而去,目的是提高企业声誉,影响潜在客源,争取更多的回头客。

2. 客户投诉中常见的四种性格类型

生活中的人性格各异,各有各的特点,这里说的个性(personality),是指个人对情景作出反应的独特方式。客户在买什么?为什么购买?面对投诉,客户个性因素所施加的影响不容忽视。在生活中常碰到,有的人驾车速度决不超过60公里/小时;有的人买衣服一直固定到某个店;而有的人无论做什么决策只需要几分钟。有经验的销售人员会告诉我们,了解客户的个性是至关重要的,因为,对这位客户有效的促销手段,用在另一位客户身上可能收到适得其反的效果。与不同性格的人交往时,要有不同的方法,这样才可彼此很好地相处。目前,有很多关于性格分析和测评的方法,有很多也都是日常工作正在运用的,而在这里根据人们在交际倾向和控制倾向等方面的不同特征,可以利用 FPA 分析系统划分四种典型的个性类型。FPA 是 Focus Personality Analysis 的缩写,它是根据美国行为心理学家弗洛伦丝·利特尔(florence littauer)创建的性格雏形为基本架构,不断发展至今的一套性格分析系统。FPA 系统将人们的性格分为:红色、蓝色、黄色、绿色。当然,一个人不可能只有一种颜色。即使同样是红色的人,可能也会存在深红和浅红的分别。对大多数人而言,这四种类型兼而有之,但是一个人肯定是以四种颜色中的一种作为主体,再参杂诸多其他色彩构而构成性格颜色模板。人的性格是复杂的,因此一个人决不可能仅仅只受一种颜色来支配,四种颜色的综合才是对性格最完整的描述。

2.1 红色性格(力量型)

1) 主要表现

图 5-1 红色性格

喜好交际、真诚开放、活泼健谈、热情洋溢、幽默生动、充满活力、表达天赋好、天真童心、更易受到欢迎、快节奏、精力旺盛、做事匆匆忙忙、积极乐观、喜欢取胜、喜欢管理、决不退缩、充满自信,但常常言过其实,不过没关系,他们会用"努力"来弥补差异,如图 5-1 所示。

(1) 渴望权力。红色性格习惯于我行我素,渴望权力。如果他们从小被带大的环境容许他们可以操纵父母和兄弟姐妹,长大后他们就会变得桀骜不驯；如果被纵容得太久了，红色性格的人几乎不可能放弃他们的权力和自由，尤其是在他们正面遭遇社会权威(教师、老板、警察、军中长官)，而后者不再容许他们全部的随心所欲的自由的时候，情况更为明显。

(2) 喜欢在他人眼中显得光鲜。红色性格喜欢表现得很有见识，他们期盼得到别人对他们智慧和洞察力的肯定；他们希望被尊重，更甚于被爱；他们希望自己合逻辑而务实的心智，受到别人的仰慕。

(3) 寻求领导统御的机会。不管是多么严厉呆板的团体，红色性格仍然会选择团队合作，而这只是为了一尝领导的滋味；红色性格常被称为"发号施令狂"，他们喜欢指挥别人。红色性格儿童在学校时常会有挫折感，因为老师们时常是蓝色性格，不让他们"当家做主"，假若一位红色性格的人有机会占上风，他肯定会抓住机会。红色性格总不惜一切代价，寻找当领袖的机会。

2) 工作方面

红色性格的人喜欢工作。工作主动、乐于找新任务、切入较快、有创造性、多姿多彩、充满干劲、积极乐观。在学校也好，在事业上也好，在人际关系上也是如此，鼓励大家的参与、吸引他人。只是，别希望他们对别人的切身问题如教育、事业和婚姻，也会付出同样的关切。不过，只要给他们一个恰当的理由，让他们努力工作，就可以看到他们会像火箭般一飞冲天。红色性格喜欢完成工作，他们经常是工作狂，然而如果工作不符合他们的兴趣时，他们会抗拒强加给他们的任务。

3) 与朋友相处

易交朋友、热爱社交、喜欢赞扬、喜欢即兴发挥、不会记仇、容易给人好感。

4) 优点的表现

表现力强、健谈、热情、幽默、创新、积极响应、表达能力强、交际广泛、受欢迎程度高。

5) 缺点的表现

自我为中心、多言、情绪化、喜新厌旧、半途而废、说话夸张、好表扬。

这种人豪放、直爽、热情、直来直去、口没遮拦、说话大大咧咧。和这种人交往时间长了，就会发现，他们是非常好相处的一类人，和这种人交往不太需要动脑筋、花心思，是实实在在的一种人。这种人有一大缺点，就是如果你和他发生了矛盾，无论何种场合，这种人可能立刻会和你吵起来或打起来，有点儿不注意场合，不懂得给人面子。但这种人也有一个优点：发火快，好得也比较快。这种人还有一个优点很难得，就是发现自己错了，懂得回头道歉。如果和这样的一位客户发生矛盾，不要和这种人吵，因为他是越吵火气越大的一种人。他发火的时候，你不和他吵，他的火气消得比较快，回头他发现自己错了，又会主动道歉。

同时，不要对红色性格的人过分认真。虽然他们来势汹汹，但红色性格的人也只是在陈述他们心中以为正确的事实而已，如果他们在陈述意见之前会说"余意以为……"的话，是非常罕见的。许多蓝色性格、绿色性格和黄色性格的人，被红色性格的人所煽起的议题带动起来，可是最后却发现红色性格只是对辩论有兴趣而已。红色性格喜欢搞一场热烈的权威表演，可是当你被卷入的争论动了真情时，你可能会很失望而且很沮丧地发现，红色性格已经不再对其有兴趣了。

2.2 黄色性格(活泼型)

1) 主要表现

天生领导、活力充沛、坚决果断、不情绪化、意志坚强、不易气馁、坦率直接、独立性强、有急迫感，如图 5-2 所示。

图 5-2 黄色性格

（1）喜欢褒奖。黄色性格的人需要引人注目。想改善与一位黄色性格的人的关系，很少有比褒奖更好的法宝，黄色性格的人需要确知他们被珍视而且被认可，虽然黄色性格的人总是表现出一副满不在乎的样子，可是他们内心也是有恐惧感和挫败感的，但是他们不会轻易倾吐，除非他们确定在情感上安全无虑。

（2）需要情感上的连接。黄色性格的人总是显得那么吊儿郎当，以致大家都误以为他们什么也不在乎，没有比这种观点更远离真相的了。黄色性格的人需要大量的注意力，他们需要有人来摸顺他们的"毛"，他们享受触摸，对他们来说，肌肤接触是最直接、最舒服不过的亲密连接。

（3）希望成名。黄色性格的人喜欢站在舞台中央，社会性的接纳对他们是极为重要的，友谊占据了他们生命的重要位置，如果能够深孚众望，就满足了他们的基本需要——被公众接纳的需要。黄色性格的人口齿非常伶俐，他们享受有意义的对话，但他们也很会随波逐流，黄色性格的人很能成为大伙闲聊时最引人注目的闲聊专家。

（4）喜欢付诸行动。黄色性格的人对事情很容易厌烦，所以总爱找新刺激，他们不可能长时间没事耗着。他们寻找的朋友，也都是具有相同特点，拒绝"枯燥的细节"进入他们的人生。生活中，许多黄色性格被贴上"无法专心"的标签，其实他们不过就是典型的黄色性格，正在与"无法长时间枯坐，又要高度集中心神"的先天缺憾做斗争罢了。

2）工作方面

目标主导、全局观念、善于管理、寻求方法、行动迅速、坚持不懈、促成活动、善定目标、越挫越勇。

3）与朋友相处

喜欢领导和组织、自我认为正确、喜欢指使别人、给人专制的感觉。

4）优点的表现

领导、态度坚定、行动迅速、处事果断、自信、坦率、独立、有紧迫感、意志坚强。

5）缺点的表现

操控性强、顽固、冲动、刚愎自用、自大、冒犯、固执、没耐性、难以协商。

这种人聪明、灵活、机敏、外向、热情。大多的人都喜欢和这种人交往。但这种人给人的印象是有点儿以自我为中心，甚至有操控欲。和这样的客人吵架是很不理智的，因为他往往以领导态度自居，自认为是专家。如果他发现你不对，他会提醒你或直接指出，但是如果当面反驳甚至于指出他话中的错误之处的话，就会让他感觉下不来台，即使最后事实证明我们是对的，他在心里也不会承认，只会慢慢地减少和我们的合作，直到断绝来往。

2.3 绿色性格（和平型）

1）主要表现

宽容豁达、接受性强、情绪自控、合作精神、适应性强、调解关系、善于聆听，如图 5-3 所示。

（1）驱策绿色性格的人的动力是安宁。

绿色性格的人宁愿付出任何代价,以避免一切正面冲突,他们不希望在人生旅途上遭遇大风大浪。"感觉到善"对他们而言,比成为"善的化身"更具意义。他们对于斥责十分反感也厌恶尖锐的口角。对于温和者,他们会立即敞开胸怀,但是绿色性格遇到敌意时,就会把自己收缩起来,他们无法了解为什么会有人心怀恶意。

图5-3 绿色性格

(2)静悄悄的力量。绿色性格的人喜欢自己一个人的安静。有的人会以为绿色性格的人的"安静"是"无言的绝望",但其实那是绿色性格的"牛脾气"。绿色性格的周详及亲和会给周围的人以友善的回应,但是当他们碰上不讲理的对待时,沉默而强烈的抵抗就会冒出头。把绿色性格的人的好静天性误解成可以对他颐指气使,这就注定要面对一堵消极抵抗的墙,而且绿色性格的人比其他性格的人更为顽强。

(3)采取低姿态。绿色性格的人喜欢别人征询他的意见,但是他不会主动提供意见;他们珍惜别人的尊敬,但是不会为了寻求它,而超出自己的常规。他们要有人好好哄着,才愿意谈论自己的本领、癖好和兴趣。喜欢独立自主,不像红色性格和蓝色性格喜欢控制别人,绿色性格只想避免受到控制,他们拒绝生活在别人的鼻子下,尤其是在当他们感觉对方并未付出对他们应有的尊重时。绿色性格的人喜欢依自己的作息、按自己的方式做事,他们不会干扰别人,也绝不让别人干扰自己,他们只在被逼得忍无可忍的时候,才会倾泻出愤怒。

(4)绿色性格的人的动机会受他人意念牵引。对于别人提出的解决方法,绿色性格的人采取开放态度;绿色性格经理重视属下对于管理方面的新点子;绿色性格儿童欢迎别人协助,他们是吸收性很强的学生。绿色性格的人是讨人喜欢的同伴,他们很在意能够让对方尽兴,所以愿意对另一方百依百顺,不过,绿色性格的人希望得到的是暗示,而不是指示。

2)工作方面

平和无异议、可靠、有行政能力、擅长调解问题、避免冲突、善于面对压力、寻求容易解决方法。

3)与朋友相处

容易相处、仁慈善良、开心愉快、无攻击性、有许多朋友、富有同情心、很会关心他人。

4)优点的表现

宽容、接受性强、善于应对、合作、调解者、性格平和、适应性强、善于聆听、平静。

5)缺点的表现

无原则、被动、圆滑、屈从、和事佬、无目标、隐藏内心、无主张、主次不分、旁观者。

如果你只有一次机会结交客户的话,建议你一定要交一个绿色性格的客户。这种类型的人内向、敏感、细腻、心思比较缜密、体贴、会关心人、理解人。这种客户,他不仅仅只是把你当作他的顾问,等到他熟悉、信任你之后,就会把你当作自己的朋友。当你遇到问题的时候,他能成为理解你、帮助你、支持你的客户。当你向他表明你的困难的时候,他会达到一种最大程度的理解与体谅。但由于这种人过于敏感,你可能平时一句无心的语言又会使他难过起来。另外,因为他自信心不足,自尊心又比较强,且很敏感,所以千万不要在大庭广众之下去批评这样的客户,如果你这样做了,可能你们的良好的友谊就至此结束了,也不要希望他短期内会原谅你。

2.4 蓝色性格(完美型)

1)主要表现

原则性强、善解人意、冷静成熟、深思熟虑、理想主义、敏感细腻、谦和稳健、善于分析,如图5-4所示。

图5-4 蓝色性格

(1)被利他主义所驱动。蓝色性格的人喜欢施惠于人,他们寻找施舍的机会,只为了给他人快乐,他们做人的指导哲学是"出于无我,胜过出于自私"。许多蓝色性格的人会对所做的事情只有益于自身而感到不安,他们经常为人敞开大门,主动搭载车子抛锚的人,捐款给慈善机构,甚至把一生奉献在为他人服务上。

(2)寻求亲密。蓝色性格冀盼爱人和被爱胜过一切。一位真正蓝色性格的人,会为了改善一份重要的个人情谊,而牺牲一个成功的事业,这一度被视为是女性的特质,但是其实这是蓝色性格的特征,无关男女。

(3)渴望被了解。当有人认真地倾听他们,或他们觉得自己被人了解而且受人感激时,蓝色性格的人会得到莫大的满足。喜欢向别人泄露自己的底,这是蓝色性格的人经常声名狼藉的原因,因为他们极端重视被人知道和被人了解。在一位蓝色性格的人心目中,被人抓把柄只不过是个小小的代价,为了换取情感共鸣的机会,他们愿意付出。蓝色性格的人可能比其他人更经常心碎,但是他们也比别人享受更多的爱。

(4)希望被记得而且受人感激。对于蓝色性格的人,在表示感激时只在他的肩上拍一下是不够的,蓝色性格的人为了世界更美好所做的不懈努力,亟须有人对他们肯定地说:"你是多么神奇的家伙!"对于自己的善行,他们需要被人称道而且铭记不忘,他们需要得到由衷的感激。当他们的生日或者其他什么特别日子时,赠送一张你亲手制作的周年庆贺卡、举行一个欢迎回家的宴会,他会得到极大的惊喜。蓝色性格的人需要细腻的爱心和照顾。

(5)有强烈的道德使命感。蓝色性格的人的动机,驱使他们的行为中规中矩,他们的道德意识引导着他们所做的决策、价值判断,甚至休闲娱乐。蓝色性格津津乐道于"行善"之举,在所有性格本色中,蓝色性格是天生最诚实的,一位蓝色性格的人宁可认输,也不愿意偷鸡摸狗。从伦理观点而言,蓝色性格的人是值得信托的,蓝色性格的人应该是掌握权力的人,但是这通常不会变成事实。

2)工作方面

预先计划、完美主义、高精标准、在乎细节、善始善终、条理组织、整洁有序、讲求效益、善于发现问题。

3)与朋友相处

交友谨慎、忠诚可靠、聆听抱怨、关心他人、情感丰富、易受感动。

4)优点的表现

原则性、善解人意、冷静、深沉、深思熟虑、高标准、谦和、稳健、注重细节、善于分析。

5)缺点的表现

保守、自我否定、冷漠、抑郁、死板、挑剔。

这是循规蹈矩的一种人,大多不苟言笑,做事遵守规则。上学时最遵守学校纪律,上班时从来不迟到早退的一种人。但是这种人原则性比较强,往往给人一种固执、死板,甚至有点儿死心眼的感觉。不要想着轻易劝说这样客户改变主意,这不符合他固执的性格特点。如果你和这样的朋友一起讨论公司的产品,他说A方案比较好,你说B更适合,结果往往只有两种结果,要么你和他一起去考虑并实施A方案,要么他重新选择另一家公司的产品。这种人有一个缺点,就是不会道歉的一种人,心里明明知道自己错了,但嘴上还不肯承认,所以这时即使我们知道顾客说的是错的也不要当面指出,要顾全到客户的面子,否则有可能就会激怒这种客户。

总而言之,红色和黄色性格的人都是外向性格类型,但是却是截然不同的外向。红色性格的人我行我素、凡事争强好胜、桀骜不驯,一旦培养正确很可能成大器,相反如果教导无方更有可能行为偏激甚至犯罪,最为典型的就是《西游记》中的孙悟空形象。黄色性格虽然同样外向,但是却不思进取,而且十分喜欢玩耍。对于许多事情都显示出毫不在意的样子,对于熟悉的事物也很容易厌烦,也就是说他们厌倦枯燥。最为典型的就是《西游记》中猪八戒的形象,贪玩而滑头。

两种内向的颜色性格是蓝色和绿色。蓝色性格的人诚实、不计较个人得失,而且渴望被人了解、有非常强的使命感和责任心。一般这种人思想比较保守、传统,是所有人当中最有道德的人群。沙僧就很有蓝色性格的影子。绿色性格同属内向,是最为安宁的和平使者。总想化解一切矛盾和冲突,不喜欢干涉别人的世界也不愿被别人干涉,不同于黄色和红色性格,绿色性格的人没有多少的控制欲望,也不想被别人控制。

思考与练习

一、案例分析

1. 红色(力量型)客户

雷克萨斯作为丰田的高端车型,车主在行驶1万公里后被告知发动机存在缺缸点火现象,需拆解发动机维修,而车主希望厂家直接更换发动机总成,但遭到拒绝,从而对4S店的技术水平、服务态度等产生质疑,被车主怒斥"假4S"。你作为接待人员应该如何应对?

2. 黄色(活泼型)客户

张先生可以说是北京现代的极端拥护者,他的亲属已经拥有4辆北京现代汽车,自己也购买了北京现代的领翔,但是行驶15000公里后却发现车内异响,经4S店技师路试检查认定为车前风窗玻璃安装问题造成的异响。4S店的答复是车辆在保修期内可以免费重新拆装,但是如在拆装过程中发生玻璃损坏不予负责,需要由车主自己付钱。作为车主,张先生认为该处理方式很不合理,原因是异响是由于北京现代装配质量原因造成的,客户无过错,为什么要由客户承担有可能出现的风险责任?后协商不成,张先生随即致电北京现代客服投诉,请问你如何处理及回复这名客户?

3. 绿色(和平型)客户

万先生的马自达6开去4S店做常规维护,进去时还是好好的,维护后就"病"倒出不来了。更让他烦恼的是,4S店并不认为是他们的原因造成的,因此需要车主自行承担相应的维修费用。万先生不得已再掏2500元请4S店解决故障。纠纷在车主的屈服下看似得以解决,但却让车主从此对4S店失去信心,此后的每一次维护、检修,车主都会寸步不离。此时接到万先生投诉电话的你应该怎样做?

4. 蓝色(完美型)客户

北京现代4S店,一位客户买了一辆伊兰特,购入三个月后发现启动时前仪表板有嗞嗞的电流异响声。经过专业技术人员的检查,并没有什么大碍。但是客户提出:异响影响了舒适性,也可能会有潜在的危险。在销售的时候是承诺过有售后服务的,因此提出赔偿或退车。你作为售后人员应该如何应对?

二、情景分析

小李有这样一位客户赵先生,有一天赵先生的车发生了车辆自燃的事故,经公司调查发现客户有在外多次维修的记录,但客户认为是车辆本身的质量问题,不愿意全额支付修理费用,因此与4S店发生了纠纷,于是气冲冲地进行投诉。对于工作人员的解释根本听不进,声称要找总经理、找媒体,让公司曝光等等。为此,公司特意安排小李负责处理此事,小李约定与赵先生周一见面。见面后小李热情地问候了客户,谈论了一阵天气。为了拉近与客户之间的距离,小李常规性地询问了客户几个有关家庭的问题,并且谈论了一阵:"赵先生,昨天的足球比赛你看了吗?××队又踢了臭球了,××(球星)又被罚了几个黄牌,你说呢?"之后,便开始告知客户相关的维修项目及费用。在大部分时间里,客户面无表情地坐着,只是偶尔问一些具体的技术细节,对此,小李只能凭个人的了解作了简单的解答。这次的接待草草收场。结果客户还是继续投诉。还说:"我之所以投诉,就是气你们公司不负责任,这个拖法要拖到什么时候?"请问小李该如何处理?他什么地方没做好?

1. 项目说明

积极处理投诉的意义在于展现品牌服务的正面形象,争取客户的认同、赢得客户的信心,是确立服务双方供求关系的前提。如果客户在积极投诉,这正是信心尚在的表现。相反,听不到投诉声,这很可能就意味着他们失去了信心。所以我们要理解客户投诉的意义,找到客户抱怨及投诉的产生原因,并且解决问题。而每一种人都有各自的优缺点,性格本无"好"与"坏"之分,只是人们习惯强调"自我真理",自己刻意地加以区分。正所谓要用人所长,容人所短,才是正确的待人之道。

2. 服务要求与标准

(1)一组同学课前分别进行角色分配,并于课堂上进行情景演练。

(2)结合所给情景,学会通过细节分析客户的性格类型。

(3)学会分析客户投诉的原因、类型及客户投诉时的心理特征,并且学会使用客户投诉处理原则与技巧来化解危机。

(4)举止礼仪、握手与介绍礼仪的熟练掌握。

3. 操作步骤

(1)角色扮演同学到位,分别为:小李、电话接待人员及赵先生。

(2)对照本节课所学内容,再加入每个人对角色的理解进行情景演练。

(3)角色扮演的同学在情景练习中根据工作需要填写表5-1、表5-2。

(4)演练时,其他同学观察并填写表5-3。

(5)结束后,让扮演的同学进行自我点评。

（6）集体回顾其中涉及知识要点。

4. 记录与分析

（1）客户投诉信息反馈单见表5-1。

表5-1
客户投诉信息反馈单

客户投诉信息反馈单		批示	经办人	服务经理	总经理
部门		部门电话			
客户姓名		联系电话			
投诉日期					
记录人		联系电话			
投诉记录					
转交部门		接收人			
处理情况					
备注					

（2）客户投诉处理表单工具见表5-2。

表5-2
客户投诉处理表单工具

投诉处理报告书		经办人	服务经理	总经理
部门				
客户姓名		联系电话		
投诉日期		记录人		
投诉处理日期		报告日期		
投诉内容及车主意见				
处理经过及主要问题				
处理结果				
经理意见				
备注				

（3）信息分析见表5-3。

表5-3
信 息 分 析

客户信息分析		相关人员准备	
投诉原因分析		仪容仪表	
		精神面貌	
		举止礼仪	
客户投诉心理分析		投诉技巧	
		应对措施	
客户性格分析		结论	

拓展学习

一、FPA 四种类型性格测试

1. 测试一

凭直觉,迅速回答"我是谁",而不是"我应该是谁或我想我是谁"。

(1) 关于人生观,我的内心其实是:
A. 希望能够有尽量多的人生体验,所以会有非常多样化的想法。
B. 在小心、合理的基础上,谨慎地确定自己的目标,一旦确定会坚定不移地去做。
C. 更加注重的是取得一切有可能的成就。
D. 宁愿剔除风险而享受平静或现状。

(2) 如果爬山旅游,在下山的路线选择上,我更在乎:
A. 好玩有趣,所以宁愿新路线回巢。
B. 安全稳妥,所以宁愿原路线返回。
C. 挑战困难,所以宁愿新路线回巢。
D. 方便省心,所以宁愿原路线返回。

(3) 通常在表达一件事情上,我更看重:
A. 自己的话给对方带来的深刻印象。
B. 自己的话表述的准确程度。
C. 自己的话所能达到的最终目标。
D. 说话后,周围人的感受是否舒服。

(4) 在生命的大多数时候,我的内心其实更加欣喜于和希望多些:
A. 刺激。
B. 安全。
C. 挑战。
D. 稳定。

(5) 我认为自己在情感上的基本特点是:
A. 情绪多变,经常情绪波动。
B. 外表上自我抑制能力强,但内心感情起伏极大,一旦挫伤难以平复。
C. 感情不拖泥带水,较为直接,只是一旦不稳定,容易激动和发怒。
D. 天性情绪四平八稳。

(6) 我认为自己在整个人生中,除了工作以外,在控制欲上面,我:
A. 没有控制欲,只有感染带动他人的欲望,但自控能力不算强。
B. 用规则来保持我对自己的控制和对他人的要求。
C. 内心是有控制欲和希望别人服从我的。
D. 不会有任何兴趣去影响别人,也不愿意别人来管控我。

(7) 当与情人交往时,我倾向于着重:
A. 兴趣上的相容性,一起做喜欢的事情,对他(她)的爱意溢于言表。

B. 思想上的相容性,体贴入微,对他(她)的需求很敏感。

C. 智慧上的相容性,沟通重要的想法,客观地讨论、辩论事情。

D. 和谐上的相容性,包容理解另一半的不同观点。

(8) 在人际交往时,我:

A. 心态开放,可以快速建立起友谊和人际关系。

B. 非常审慎、缓慢地进入,一旦认为是朋友,便长久地维持。

C. 希望在人际关系中占据主导地位。

D. 顺其自然,不温不火,相对被动。

(9) 我认为自己大多数时候更是:

A. 感情丰富的人。

B. 思路清晰的人。

C. 办事麻利的人。

D. 心态平静的人。

(10) 通常我完成任务的方式是:

A. 经常会赶在最后期限前完成。

B. 自己做、精确地做,不要麻烦别人。

C. 先做,快速做。

D. 使用传统的方法,需要时,从他人处得到帮忙。

(11) 如果有人深深地惹恼我时,我:

A. 内心感到受伤,认为没有原谅的可能,可最终很多时候还是会原谅对方。

B. 深深地感到愤怒,如此之深怎可忘记?我会牢记,同时未来完全避开那个家伙。

C. 会火冒三丈,并且内心期望有机会狠狠地回应打击。

D. 我会避免摊牌,因为还不到那个地步,那个人多行不义必自毙,或者自己再去找新朋友。

(12) 在人际关系中,我最在意的是:

A. 得到他人的赞美和欢迎。

B. 得到他人的理解和欣赏。

C. 得到他人的感激和尊敬。

D. 得到他人的尊重和接纳。

(13) 在工作上,我表现出来更多的是:

A. 充满热忱,有很多想法且很有灵性。

B. 心思细腻,完美精确,而且为人可靠。

C. 坚强而直截了当,而且有推动力。

D. 有耐心,适应性强而且善于协调。

(14) 我从前的老师对我的评价最有可能是:

A. 情绪起伏大,善于表达和抒发情感。

B. 严格保护自己的私密,有时会显得孤独或是不合群。

C. 动作敏捷又独立,并且喜欢自己做事情。

D. 看起来安稳轻松,反应度偏低,比较温和。

(15)朋友对我的评价最有可能是:

A. 喜欢对朋友述说事情,也有能量说服别人去做事。

B. 能够提出很多周全的问题,而且需要许多精细的解说。

C. 愿意直言表达想法,有时会直率而犀利地谈论不喜欢的人、事、物。

D. 通常与他人一起,是多听少说。

测试结果:分别统计出 A,B,C,D 各项选项的数量。

2. 测试二

凭直觉,迅速回答"我是谁",而不是"我应该是谁或我想我是谁"。

(16)在帮助他人的问题上,我倾向于:

A. 多一事不如少一事,但若他来找我,那我定会帮他。

B. 值得帮助的人应该帮助,锦上添花犹胜雪中送炭。

C. 无关者何必要帮,但我若承诺,必欲完之而后释然。

D. 虽无英雄打虎之胆,却有自告奋勇之心。

(17)面对他人对自己的赞美,我的本能反应是:

A. 没有也无所谓,特别欣喜那也不至于。

B. 我不需要那些无关痛痒的赞美,而希望他们欣赏我的能力。

C. 有点怀疑对方是否认真或者立即回避众人的关注。

D. 赞美总是一件令人心情非常愉悦的事。

(18)面对生活的现状,我的行为习惯更加倾向于:

A. 外面怎么变化与我无关,我觉得自己这样还不错。

B. 如果我没什么进步,别人就会进步,所以我需要不停地前进。

C. 在所有的问题未发生之前,就应该尽量想好所有的可能性。

D. 每天的生活开心快乐最重要。

(19)对于规则,我内心的态度是:

A. 不愿违反规则,但可能因为松散而无法达到规则的要求。

B. 打破规则,希望由自己来制订规则而不是遵守规则。

C. 严格遵守规则,并且竭尽全力做到规则内的最好。

D. 不喜被规则束缚,不按规则出牌会觉得新鲜有趣。

(20)我认为自己在行为上的基本特点是:

A. 慢条斯理,办事按部就班,能与周围的人协调一致。

B. 目标明确,集中精力为实现目标而努力,善于抓住核心要点。

C. 慎重小心,为做好预防及善后工作,会不惜一切而尽心操劳。

D. 丰富跃动,不喜欢制度和约束,倾向于快速反应。

(21)在面对压力时,我比较倾向于选用:

A. 眼不见为净地化解压力。

B. 压力越大抵抗力越大。

C. 和别人讲也不一定有用,将压力放在自己的内心慢慢地咀嚼。

D. 本能地回避压力,回避不掉就用各种方法来宣泄出去。

(22)当结束一段刻骨铭心的感情时,我会:
A. 非常难受,可是日子总还是要过的,时间会冲淡一切的。
B. 虽然觉得受伤,但一旦下定决心,就会努力把过去的影子甩掉。
C. 深陷在悲伤的情绪中,在相当长的时期里难以自拔,也不愿再接受新的人。
D. 痛不欲生,需要找朋友倾诉或者找渠道发泄,寻求化解之道。

(23)面对他人的倾诉,我本能上倾向于:
A. 认同并理解对方感受。
B. 作出一些定论或判断。
C. 给予一些分析或推理。
D. 发表一些评论或意见。

(24)我在以下哪个群体中较感满足:
A. 能心平气和且最终大家达成一致结论的。
B. 能彼此展开激烈辩论的。
C. 能详细讨论事情的好坏和影响的。
D. 能随意无拘束地自由散谈,同时又很开心的。

(25)在内心的真实想法里,我觉得工作:
A. 如果不必有压力,可以让我做我熟悉的工作那就不错。
B. 应该以最快的速度完成,且争取去完成更多的任务。
C. 要么不做,要做就做到最好。
D. 如果能将乐趣融合在里面那就太棒了,不过如果不喜欢的工作实在没劲。

(26)如果我是领导,我内心更希望在部属心目中,我是:
A. 亲近、和善并为他们着想。
B. 有很强的能力和富有领导力。
C. 公平、公正且足以信赖。
D. 被他们喜欢并且觉得富有感召力。

(27)我希望得到的认同方式是:
A. 无所谓别人是否认同。
B. 精英群体的认同最重要。
C. 只要我认同的人或者我在乎的人的认同就可以了。
D. 希望得到所有大众的认同。

(28)当我还是个孩子的时候,我:
A. 不太会积极尝试新事物,通常比较喜欢旧有的和熟悉的。
B. 是孩子王,大家经常听我的决定。
C. 害羞见生人,有意识地回避。
D. 调皮可爱,在大部分的情况下是乐观而又热心的。

(29)如果我是父母,我也许是:
A. 不愿干涉子女或者容易被说动。

B. 严厉地或者直接给予方向性指点。
C. 用行动代替语言来表示关爱或者高要求。
D. 愿意陪伴孩子一起玩,受孩子的朋友们所喜欢和欢迎。

(30) 以下有四组格言,在哪组里符合我感觉的数目最多:
A. 最深刻的真理是最简单和最平凡的;
要在人世间取得成功必须大智若愚;
好脾气是一个人在社交中所能穿着的最佳服饰;
知足是人生在世最大的幸福。
B. 走自己的路,让人家去说吧;
虽然世界充满了苦难,但是苦难总是能战胜的;
有所成就是人生唯一的、真正的乐趣;
对我而言,解决一个问题和享受一个假期一样好。
C. 一个不注意小事情的人,永远不会成功大事业;
理性是灵魂中最高贵的因素;
切忌浮夸铺张,与其说得过分,不如说得不全;
谨慎比大胆要有力量得多。
D. 与其在死的时候握着一大把钱,还不如活时活得丰富多彩;
任何时候都要最真实地对待你自己,这比什么都重要;
使生活变成幻想,再把幻想化为现实;
幸福不在于拥有金钱,而在于获得成就时的喜悦以及产生创造力的激情。

测试结果:
(1) 分别统计出 A,B,C,D 各项选项的数量。
(2) 再与测试一中的 D,C,B,A 各项数量对应相加,即(测试二)A+(测试一)D,(测试二)B+(测试一)C,(测试二)C+(测试一)B,(测试二)D+(测试一)A。
(3) 第一项对应的结果是:绿色性格;
第二项对应的结果是:黄色性格;
第三项对应的结果是:蓝色性格;
第四项对应的结果是:红色性格。
(4) 数量最多的那一项就是你的性格类型。

二、MBTI 性格理论

1. 概论

引导语:"我性格内向/外向,适合什么工作?""怎样通过我的性格查找到适合我的职业?""以我的个性从事什么行业好?""我该选择什么样的公司和职业?""我这样性格的人选什么专业好?"

不论是高考后面临专业选择的同学,还是正待走进职场的毕业生,还是工作了一段时间的人,面对这类问题都会感到困惑——性格因素和职业选择之间到底有什么样的关联呢?

MBTI 性格理论始于著名心理学家荣格的心理类型的学说,后经美国的凯瑟琳·库克·布里格斯(Katharine Cook Briggs)与伊莎贝尔·布里格斯·迈尔斯(Isabel Briggs Myers)深入研究而发展成型。MBTI性格类型揭示了一个人深层的"本我"、真实的我、自我的核心,最本能、最自然的思维、感觉、行为模式,而不是在别人面前所表现出来的表面的性格特征。一个人的MBTI性格类型是由遗传、成长环境决定的,一旦形成,很难改变(存在有个别人在经历过特殊处境,如濒临死亡后,性格类型有改变的例外情况),只有性格倾向的程度会随着年龄的增长而有所变化。

MBTI性格类型理论是一把深入、系统地了解人的本我的奇妙钥匙。它揭示了不同类型的人有不同的本能的、自然的思维、感觉、行为模式,同一种类型的人本能的、自然的思维、感觉、行为模式又是何其的相似,从而使我们明白为什么不同的人对不同的事物感兴趣,为什么不同的人擅长不同的工作,人们为什么不能相互理解、有效配合。

通过了解自己和其他人的性格倾向,你可以更好地理解自己的优点、缺点,更容易接受自己;更好地理解和接受他人;能使你理解为什么人与人之间在思维、行为、观念、表现等方面存在差异,有助于你在工作、生活中更好地利用这种差异,接受其他观点的合理性,避免固执己见或者简单地判定某种做法的正确或错误,而不是因为存在性格的差异而苦恼。

多年来,这种理论在全球范围得到了广泛运用,公司利用它进行招聘选拔、人岗匹配、组织诊断、改善团队沟通及人际关系;职业人士利用它进行职业定位、职业生涯规划;老师和学生利用它选择适合学习的专业,提高学习效率、授课效率;夫妻利用它融洽关系、增进感情。

2. MBTI是一种人格类型工具

我们总把性格和人格混为一谈。但相对来说,人格比性格要稳定很多。一般认为人格天生的成分占的比较大,后天影响大部分也在12岁前完成。性格多变,也许只是人格在不同环境的表现而已。但是在一般人语意里面,两个词几乎是一致的。

关于人格类型的工具,我们身边其实有很多很多,而且你发现这里面的人格分类系统非常相似,互相呼应。

荣格发明的人格系统是至今比较受认可的一种,他把人分成内向和外向两种,把人的思维分拆成了 feeling,thinking,sense,intuition 四种能力,认为这几种能力有先后排序,并且会在未来的生活中发展或者扭曲。发展的人会一直强大而平静,不接受自己或者扭曲的人,会让自己总是生活在矛盾之中。受老子学说影响很深的他,在学术中把这几种维度表达成两极:

内向——外向;

感觉——直觉;

理性——感性;

判断——即兴。

MBTI理论认为,人和人的不同主要可以通过4个主要的偏好(Preference)来辨别,并形象地把它们比喻成人们使用左右手的偏好来说明这是一种与生俱来、又可以后天改变的特性。这4对偏好分别从以下4个方面回答了"我是谁"这个问题:

(1)我们的能量源泉是来自于外部的世界还是自身的内心?

外向——内向;

Extraversion—Introversion。

(2)我们对信息的汲取是基于五官感受到的已知信息还是来自于"第六感"的想象和

关联？
　　感觉——直觉；
　　Sensing—Intuition。
(3)我们是如何作出判断的？是基于对事情的是非对错还是基于自己或他人的价值观？
　　理性——感性；
　　Thinking—Feeling。
(4)我们的日常生活方式是如何的？是更喜欢按部就班还是随兴而为？
　　判断——即兴；
　　Judging—Perceiving。
当这四个方面被确定下来，你会发现性格被分成了16种，而你能根据自己的类型找到自己的描述。
确定这些方面能让你更加好地了解自己，了解自己潜意识的一些倾向和趋势。在人类5%的意识后面还有95%的潜意识。我们的日常思维就好像一条在潜意识大海漂流的小船，更加了解自己的性格特征，能让你顺风而行，把自己的潜力发挥到最大；了解自己不擅长做的，减少无用功。
MBTI现在广泛地用于工作匹配、团队管理中间，是世界上最流行的人格测试工具。

三、MBTI性格分类

(1)直觉+思维=概念主义者(NT)：知识追求者，适合做策略；
(2)触觉+知觉=经验主义者(SP)：刺激追求者，适合做战术；
(3)直觉+情感=理想主义者(NF)：意义追求者，适合做外交；
(4)触觉+判断=传统主义者(SJ)：安全追求者，适合做后勤。
如果结合课本中所学的FPA四种性格类型，两种方法对比来看似乎就是：
(5)和平型——传统主义者；
(6)活泼型——经验主义者；
(7)力量型——概念主义者；
(8)完美型——理想主义者。

学习单元 6　客户投诉处理技巧的运用

学习目标

1. 叙述处理投诉的要诀；
2. 根据案例，明确八种错误处理客户抱怨的方式；
3. 掌握影响处理客户不满抱怨投诉效果的三大因素；
4. 叙述客户抱怨投诉处理的六步骤；
5. 根据情境化教学，描述客户抱怨投诉处理技巧以及应对策略。

学习时间

10 学时。

1. 处理客户投诉的意义、方式和要诀

1.1　客户投诉的意义

（1）改进产品或服务的失误。投诉是联系客户和企业的一条纽带，它能为企业提供许多有益的信息。丹麦的一家咨询公司主席克洛斯·穆勒（Claus Moller）说："我们相信客户的抱怨是珍贵的礼物。"客户不厌其烦地提出抱怨、投诉，实质是告诉企业在服务或产品上存在的疏忽。汽车维修服务企业从客户的投诉、建议与意见中，发现自身经营管理上存在的问题。客户投诉有利于纠正汽车维修企业营销过程中的问题和失误，发现产品生产和开发中存在的问题，并且企业还可以利用客户投诉，有意识地给有关部门施加压力，使其不断改进或改善工作。因此，客户投诉管理不是单纯地处理客户的不满，还是一种非常重要的客户信息反馈的途径。汽车维修企业了解到客户的不满，主动研究这些客户需要，可以帮助企业开拓新的商机。尤其是企业进行改革或是上市新的产品时，更需要倾听客户的意见。

（2）再次赢得客户的机会。向汽车维修服务企业投诉的客户，一方面是寻求解决方案，另一方面也说明客户并没有对汽车维修服务企业完全失望，而是希望企业再次尝试。企业应该积极并且系统地处理来自客户的咨询、建议与投诉，通过补偿客户在利益上的损失，再次赢得客户的谅解和信任。许多投诉案说明，只要客户投诉处理得当，客户大多对该企业比发生失误之前有更高的忠诚度，与企业建立良好的关系，从这个角度来说，汽车维修服务企业不应惧怕客户投诉，而是更应该重视客户投诉。

（3）建立和巩固良好的企业形象。客户投诉如果能得到及时、有效的处理，客户的满意度会大幅度提高，客户不由自主地担任着汽车维修服务企业宣传员。客户的这些正面口碑不仅可以增强现有客户对汽车维修服务企业的信心和忠诚度，还可以对潜在的客户产生影响，有助于提高企业在客户心中的地位，建立企业是将客户利益放在首位，真心实意为客户着想的良好形象。优秀的企业都会加强与客户的联系，且非常善于倾听客户的意见，不断纠正企业在销售和服务的过程中出现的失误和错误，补救和挽回给客户带来的损失，维护企业声誉，提高产品质量和服务，从而不断巩固老客户，吸引新客户。图6-1为良好的企业形象。

图6-1　良好的企业形象

1.2　听取客户抱怨的方式

客户是企业的上帝，面对客户的投诉，汽车维修服务企业的服务人员要注意接受客户投诉的方法。在听取客户抱怨的时候要注意的事项如下：

（1）充满感情地倾听客户抱怨。

（2）在客户说完之前，不要打断他的话，让他充分发泄自己的情感。

（3）保持眼光接触。

（4）身体语言的使用，例如点头。

（5）保持合作态度，不要有抵触心理。

（6）避免指出客户的错误或谴责客户。

（7）诚心听取抱怨，态度真诚、自信，不要畏缩。

1.3　处理客户投诉的要诀

处理客户投诉要诀是：先处理感情，再处理事情。

（1）马上给客户送上"一个笑脸、一句好言、一杯热水、一声请坐"。自己马上拿出"一支笔、一个本"准备记录，投诉者会有一种被重视的感觉，火气马上会小很多；同时告诉他"我们十分理解您现在的心情"，请他冷静，这样有可能会将一件复杂的事情简易化处理。

（2）接受客户投诉时应注意态度。客户投诉或反映问题时，最讨厌对方的推诿。接待投诉者应从企业全局的角度来接待和处理客户的投诉。

（3）接受客户投诉时应注意做好记录。接待投诉时要全神贯注倾听客户的讲述，做好记录，满足投诉者的发泄欲望是有效解决问题的第一步，要在记录中分析、判断客户投诉问题的真正症结何在。

2. 客户投诉管理

2.1 影响客户投诉处理效果的因素

企业在处理客户投诉时,应注意合适的方法和技巧,而影响处理客户投诉效果的主要有三大因素:

2.1.1 工作人员的沟通语言

处理客户投诉时的沟通语言要慎重。在与愤怒的客户沟通时,措辞必须非常谨慎。语言既可以平息怒火,也可以成为冲突的导火索。选择正确的措辞,表明一种积极的、乐于助人的态度是非常重要的,并且在与客户沟通时应注意如下原则:一是对事不对人的原则;二是间接说明客户的错误的原则;三是及时反馈并找到处理此事的相关负责人原则;四是理解和认同的原则。

在面对愤怒的客户,要让你的语调平静、坚定,充满关切和安慰,"我非常能理解您现在的心情";"您一定是个通情达理的人";如果你的说话声听起来恼怒、不耐烦的,或居高临下的,那么客户会更加愤怒。如果你的说话声听起来很自信而且有礼貌,那么他会相信你的态度很认真,这样就比较容易平息他的不满,积极的行为会促成良好的结果。

2.1.2 工作人员的表情

你的面部表情应当向客户表明你对他们的困境是关心和理解的,你的表情可以是平静的、关切的、真诚的和感兴趣的。

2.1.3 工作人员的动作

答复不满的客户时,不要露出一片茫然的样子,即使是自己不清楚的领域,也要自信、礼貌的回答,并将其引见到负责该领域的同事那里,绝不可表现出不耐烦的情绪和动作。

2.2 处理客户投诉时的心理准备

客户投诉是一种"人"的感情宣泄,这种"人"的因素使投诉最终将成为人与人之间的相互接触、交流。特别是在对方是一位客户,且是一位有着投诉心理的客户的情况下,交流变得更加困难。因此,对于投诉的客户,要动之以情,才能晓之以理。

(1)坚信自己是处理客户投诉的重要人物。汽车维修服务企业工作人员应坚信自己是通过处理客户投诉,给客户以满足、给企业带来莫大利益的重要人物。同时更应坚信正确处理客户投诉、满足客户的合理要求所产生的利益是不可计量的。

(2)坚信自己是客户的代表。汽车维修服务企业工作人员应坚信自己是投诉处理的工作者,是客户的代言人,如果从客户的利益就是企业的利益这个角度来说,处理客户投诉的人负有把客户的呼声反映给企业的责任。因此,处理客户投诉的工作人员是企业与客户沟通的桥梁和纽带。

(3)诚心诚意地听取客户的主张。对于汽车维修服务企业的工作人员来说,一些客户的投诉可能是微不足道的不满,但对客户来说却是极为重大的问题。当有客户投诉时,汽车维修服务企业的工作人员最重要的是要把自己的心胸敞开,聆听对方的主张。切勿主观臆断,简单地判断对方的说话。

(4) 不可表面恭恭敬敬,内心却无礼。汽车维修服务企业工作人员与客户接触时的态度很重要,尽管有些汽车维修服务企业的工作人员在表面看来很有礼貌,但如果内心轻视对方,必定会在言谈中流露,使对方不高兴。对于企业工作人员来说,处理客户投诉属于日常业务,很容易随随便便地加以处理。但对于客户来说,那是生活上发生的异常情形,企业工作人员千万不要忘记这一点。

(5) 要认清客户,有听取说明的权利。在客户的投诉中,由于客户对企业的误会所引起的投诉也绝不在少数。例如,客户大声叫嚷:"你们公司的服务不完善,理赔为什么困难重重?"尽管从表面看来,客户的投诉并没有正当理由,但客人有投诉的权利和反映的权利。仔细一查,理赔困难的原因原来是不符合保险合同的规定和理赔的条件,接待客户投诉的企业工作人员要认为这是客户赐给你的一个启发他的好机会,要好好把握,才能取得客户的最终信任。

3. 处理客户投诉的方法及技巧

3.1 处理客户投诉的一般方法

"客户就是上帝"用在汽车行业中更为恰当。无论是经销商还是4S店,总会接到汽车客户的投诉,或者是汽车本身的问题,也可能是售后服务等问题。正确对待和处理客户的投诉,既能改进工作中类似的错误,又能让客户满意,赢得口碑。如何处理汽车客户的投诉,维护品牌形象,对待客户投诉的方法和技巧如下:

(1) 耐心倾听客户的投诉。面对客户的投诉,第一时间是倾听。客户的投诉,有时是正确的、也有时是错误的,有的问题属于厂家、也有的问题属于商家,有的属于客户自己使用不当、也有真正的产品缺陷。该如何区分和处理这些问题呢?

把80%的时间留给客户,允许他们尽情发泄,千万不要打断他们的谈话。设身处地想一想,如果自己遇到汽车的质量问题会如何恼怒!这样,就能够理解和包容客户的抱怨。客户无论对错,他们急风暴雨地发泄后,会冷静地等待经销商的处理。倾听时,不可有防范心理,不要认为客户吹毛求疵、鸡蛋里挑骨头。绝大多数客户的不满都是因为企业工作人员失误造成的。无论投诉的原因是什么、也无论投诉者是谁,都应该首先感谢客户提出的宝贵意见。千万不可以和客户争辩,而应以诚心诚意的态度来倾听客户的抱怨。当然,不只是用耳朵听,为了处理上的方便,在听的时候别忘了记录。

(2) 冷静分析客户的投诉。聆听客户的抱怨后,必须冷静地分析事情发生的原因与重点。客户在开始陈述其不满时,往往都是满腔怒火,我们应在倾听过程中不断地表达歉意,同时允诺事情将在最短时间内解决,从而使客户逐渐平静下来、平息怒火。

(3) 变更"地点、人物、时间"。根据客户投诉的强度,可以采取变更"地、人、时"的方法,即:"变更场地",将客户从门厅请入会客室,尤其对于感情用事的客户而言,变个场所较能让客户恢复冷静;"变更人员",请出高一级的人员接待,以示重视;"变更时间",与客户约定另一方便时间,专门解决问题。要以"时间"换取平息冲突的机会,告诉客户:"我回去后会把原因和内容调查清楚,并一定会以负责的态度处理。"这种方法是要获得一定的冷却期。尤其客户所抱怨的是个难题时,应尽量利用这种方法。这种方法称为"三变法"。其要点是无论如何要让对方看出销售企业的诚意,使投诉的客户恢复冷静,这不会使抱怨更加扩大。

(4)快速找出解决方案。首先应该确认自己理解的事实是否与对方所说的一致,并站在对方的立场上替客户考虑。每个人有每个人的价值观和审美观,一些很可能对客户来讲非常重要的事情,而经销商却感到无所谓。因此在倾听过程中,销售企业的认识与对方所述可能会有偏差。这时一定站在客户的立场上替客户考虑,同时将听到的内容简单地复述一遍,以确认自己能够把握客户的真实想法。

(5)化解客户的不满。诚恳地向客户道歉,并且找出使客户满意的解决方法。解决方案应马上让客户知道。当然在他理解前应尽可能加以说明和说服。为了恢复企业的信用与名誉,除了赔偿客户精神上以及物质上的损失外,更要加强对客户的后续服务,使客户恢复原有的信心。

最后,汽车企业要重视客户的每一次投诉,通过一个投诉,多做反省,及时采取补救措施,杜绝类似情况的再次发生。

3.2　五个处理客户投诉的技巧

(1)虚心接受客户投诉,耐心倾听对方诉说。客户只有在利益受到损害时才会投诉,客服人员要专心倾听,并对客户表示理解,并做好纪要。待客户叙述完后,复述其主要内容并征询客户意见,对于较小的投诉,自己能解决的应马上答复客户。对于当时无法解答的,要作出时间承诺。在处理过程中,无论进展如何,到承诺的时间一定要给客户答复,直至问题解决。

(2)设身处地,换位思考。当接到客户投诉时,首先要有换位思考的意识。如果是本方的失误,首先要代表公司表示歉意,并站在客户的立场上为其设计解决方案。对于问题的解决,也许有三四套解决方案,可将自己认为最佳的一套方案提供给客户,如果客户提出异议,可再换另一套,待客户确认后再实施。当问题解决后,至少还要一两次征求客户对该问题的处理意见,以争取下一次的合作机会。

(3)承受压力,用心去做。当客户的利益受到损失时,客户的着急是不可避免的,因此,客户提出一些过分的要求也是在所难免的。作为客服人员,此时应能承受压力,面对客户始终面带微笑,并用汽车专业的知识予以讲解,以积极的态度解决客户投诉的问题。

(4)有理谦让,处理结果超出客户预期。客户和企业出现纠纷后,要用积极的态度去处理,不应回避。在客户与你联系之前,先与客户进行沟通,让他了解每一步的进程,争取圆满解决问题并使最终结果超出客户的预期,让客户满意,从而达到在解决投诉的同时抓住下一次商机。

(5)长期合作,力争双赢。在处理投诉和纠纷的时候,一定要将长期合作、共赢、共存作为一个前提,此外,客服人员应明白自己的职责,首先解决客户最想解决的问题,努力提升在客户心目中的地位及信任度,通过对汽车专业知识的正确运用,最终达到客户与企业都满意的效果。

4. 避免八种错误处理客户抱怨的方式

(1)只有道歉,没有进一步行动。假如接到客户投诉,但是汽车维修企业却没有任何弥补行动。例如,"很抱歉!但我实在无能为力。""对不起,你的问题无法解决。"客户会觉得,"你们很会说对不起,可是并不去解决问题,而对不起根本不够。"

(2)把错误归咎到客户身上。例如,"你一定弄错了。""你应该早一点说,现在已经没有办法了。"正确的方法应该是把错误归咎到自己身上。最常说的一句话应该是:"对不起,这是我的错。"并及时提供解决方案。

(3)作出承诺却没有实现。汽车维修服务人员在接到客户投诉后,满口向客户承诺会很快改正错误,但是却迟迟没做到。这样可能会适得其反。客户会认为,"你们说话不算话。"如果你没有100%的把握,就不要轻易许下承诺。

(4)完全没反应。这种情况发生的次数比想象的还要多,很多服务人员对客户口头或书面的抱怨根本不予理会。客户打了好几次投诉电话,每次服务人员都会说再联络,但是却没有下文。客户会认为,"算了,这些人只想要我的钱,赚到钱之后就不见人了。"这会导致客户认为汽车维修企业在开展业务时非常热情,但是碰到具体客户投诉的问题时,热情变成冷漠,能找很多搪塞的理由,客户有一种上当受骗的感觉。

(5)粗鲁无礼。有些服务人员连最基本的礼仪都没有,很多客户都受过无礼的待遇,甚至有些客户遭受过羞辱,严重的时候,个别客户甚至觉得自己像个"罪犯"。服务人员可能会说:"从来没有人抱怨过这些情况。"但这并不表示客户没有抱怨,只是还没有人愿意提出来而已。碰到这种状况,客户会暗下决心,"以后我再也不跟你们这种汽车专营店打交道了。"

(6)逃避个人责任。例如,"这不是我做的,不是我的错。我很愿意帮你,但这事不归我管。""我只是个领薪水的普通员工,规矩不是我定的……接待你的人不是我,是我的同事。""那你到底想怎么样?"这会导致客户觉得,"这些人真会推卸责任。没人敢负责,要么就是把不管事的助理找来,什么事也解决不了,要么就是把情况推给别人处理。"

(7)非语言的排斥。有时候,投诉处理人虽然在听客户的抱怨,但他时不时地皱眉头、东张西望、看手表,明显表示不耐烦,他们觉得客户在浪费他们的时间,他们觉得还有更重要的事要做,不能光站在这里听客户抱怨。这些举动虽然没有大声地说出来,但是在那种情况下,所传递的信息再明显不过了。客户会觉得,"他们说想听我的意见,可是让我觉得一点都不愉快。"

(8)质问客户。在还没有表示想解决客户的问题时候,就先问客户一长串问题。例如,"你叫什么名字?什么地址?什么时候买了我们的产品?谁帮你服务的?谁跟你这么说的?"也许你在为客户解决问题之前,的确必须先问一些问题,但这样问问题的方式却是不合适的。客户会认为,"我只想讨回公道而已,他们干吗这样咄咄逼人?"像是这样地质问客户,经常会对客户造成进一步伤害。

总之,处理客户投诉需要注意禁忌,归纳如下,见表6-1。

处理客户投诉的禁忌及正确的处理方法　　　　　　　　表6-1

禁　　忌	正　确　方　法
立刻与客户摆道理	先听、后讲
急于得出结论	先解释,不要直接得出结论
一味地道歉	道歉不是办法,解决问题是关键
言行不一,缺乏诚意	说到做到

续上表

禁　　忌	正　确　方　法
这是常有的事	不要让客户认为这是普遍性
"你要知道,一分价钱,一分货物"	"无论什么车的用户,我们都提供同样优质的服务"
"绝对不可能"	不要用如此武断的口气
"这个我们不清楚,你去问别人吧"	"为了您能够得到更准确的答复,我帮您联系×××来处理好吗?"
"这个不是我们负责的,你问别的部门吧"	
"公司的规定就是这样的"	"为了保证您车辆的良好使用性能,所以公司制订了这样的规则"

5. 客户投诉处理程序

5.1　确立投诉渠道、受理部门和人员

如何让客户的投诉顺畅到达企业是非常重要的一个问题,因为客户投诉渠道本身即反映了企业对待客户投诉的态度,同时也是获得与投诉客户有效沟通的重要环节。一般而言,客户投诉渠道有以下几种:

(1)接受客户投诉的专门机构:企业要设立专门的机构或专人来负责接受和处理客户投诉。

(2)客户投诉热线:电话是目前最为普及的通讯工具,也是广大群众都较熟悉的工具。其具有使用方便、沟通迅速的特点。所以电话这一投诉渠道是不可缺少的。如上海通用汽车较早开通了"800"客户免费咨询热线。

(3)投诉联系地址:信件是最为传统的联系方式,虽然较为缓慢,但信件可以有足够的空间和时间让客户详细描述其意见和抱怨,所以这也非常重要。

(4)国际互联网:这是一种崭新的渠道,是未来发展的一大趋势。客户通过浏览企业的网页,在相应的栏目下留言或发送 E-mail 都可以达到快速沟通的目的。

有了便利又快捷的客户投诉渠道,就可以避免客户有怨无处可诉或是费尽周折才可投诉的情况,这不但可以避免客户不满程度的进一步加剧,同时也迈出了与客户沟通的第一步。

5.2　记录投诉内容并鼓励客户解释投诉问题

利用客户投诉记录表详细地记录客户投诉的全部内容,如投诉人、投诉时间、投诉对象、投诉要求等。在有机会倾诉他们的委屈和愤怒之后,客户往往会感觉好多了。重要的是销售人员让客户充分地解释问题而不要打断他。打断只会增加已有的愤怒和敌意,并且使问题更难处理。一旦愤怒和敌意存在,说服劝导将变得更难,几乎不可能达到双方皆公平的解决办法。此外,销售人员还必须以同样宽容、开诚布公的态度对待那些很少表明他们的愤怒、较少冲动但也许有着同样诉求的客户。

5.3　判断事实真相并判定投诉是否成立

因为很容易受竭力为自己索赔、讨个说法的客户的影响,销售人员必须谨慎地确定有关

的事实信息。用户总是强调那些支持他观点的情况,所以销售人员应在全面、客观认识情况的基础上,找出令人满意的解决办法。当事实不能揭示问题的真相或客户和公司都有错时,最困难的情况就出现了。在这种情况下,需要使客户了解获得一个公平的解决办法的困难程度,然而无论如何,目标仍然是使客户投诉得到公平处理。了解客户投诉的内容后,要判定客户投诉的理由是否充分、投诉要求是否合理。如果投诉不能成立,可以用婉转的方式答复客户,取得客户的谅解,消除误会。

5.4 确定责任部门并提供解决办法

根据客户投诉的内容,确定相关的具体受理单位和受理负责人。如属运输问题,交储运部处理;属质量问题,则交质量管理部处理。在倾听客户意见并从客户的立场出发考察每一种因素之后,销售人员有责任采取行动和提出公平合理的最终解决办法。所以一些公司规定了解决问题是销售人员的责任;另一些公司则规定,当实际解决方案由总部的理赔部门作出时,销售人员应调查问题和提出备选方案。允许销售人员作出处理决定的公司认为,因为销售人员最接近客户,所以他们最适合以恰当的方式作出公平的、令人满意的结论。运用相反方法的公司认为,如果解决方案来源于管理层而非销售人员,客户可能更易于接受。

5.5 建立商业信誉

销售过程中的最终推动力,尤其是售后服务,应该是以良好的商誉为导向的。商誉是客户对销售人员、公司以及其产品的一种积极的感情和态度。满意的客户信赖公司及其产品,对之有强烈的好感。一旦客户对公司及其产品失去信任,他们的好感也随之消失。良好的商誉不仅有助于达成初次交易,也能促进客户重复购买。良好的商誉有助于客户在众多的有着相似质量和档次的竞争性产品中选择该公司的产品,也有助于吸引新的客户并提供参照意见。积极的口碑胜过其他任何事物,这也是公司所能做得最好的广告。

5.6 进行投诉总结并反馈

对投诉处理过程进行总结与综合评价,吸取经验教训,提出改进对策,不断完善企业的经营管理和业务运作,以提高客户服务质量和服务水平,降低投诉率。

解决客户投诉后,打电话或写信给他们了解客户是否满意,一定要与客户保持联系,尽量定期拜访他们。

5.7 内部改进行动

追踪和分析问题的根源,确保完成行动计划,以防问题再次发生。用"跟踪记录""返修记录"来记载此事件,用于以后工作的参考。

6. 处理客户投诉的类型和对策

6.1 客户投诉的类型和内容

6.1.1 客户投诉的类型

客户投诉的类型有4种:宣泄型、习惯型、秋菊型、现实型,面对不同的客户投诉,采取的方法也不同。

1）宣泄型

（1）宣泄型的特征。抱怨、宣泄是客户来店主要目的之一，他在来电之前并没有明确的目的来索取赔偿或者歉意，只是对超出保修期的维修、维护费用过高等的抱怨。

（2）应对方法。花点时间耐心听；热对应，冷处理。

2）习惯型

（1）特征。像专家、领导或者长者一样，习惯挑毛病或指出不足；客户本身并没有什么特别的或者特定的不满，他只是喜欢表现自己的见多识广和高人一等。

（2）应对方法。用谦虚的态度、表现尊敬的神态，耐心听取；热对应，冷处理。

3）秋菊型

（1）特征。不管问题大小，无论如何也要个说法，甚至宁愿自己承担维修费用也在所不惜，精力旺盛、坚韧不拔。

（2）应对方法。很难对付，需要讲究策略。

4）现实型

（1）特征。客户本身并没有什么抱怨或者对我们的处理感到可以接受，但客户的上司或者朋友有很多意见、建议，客户夹在中间进退两难。

（2）应对方法。动之以情，晓之以理，使客户作出自己的判断；直接和客户的上司或朋友对话。

6.1.2 客户投诉的内容

由于汽车维修企业所涉及的领域较多，客户在进行投诉时，其内容归结为如下几个方面：

（1）提供汽车服务类企业，客户投诉内容最多的是，如在服务质量方面：未能达到客户的期望值，服务态度不好、怠慢、轻率等；在汽车售后索赔方面：由于未明确沟通保修索赔条件等造成企业与客户的矛盾；在汽车产品质量方面：由于设计、制造或装配不良所产生的质量缺陷；在汽车维修技术方面：因维修技术欠佳，发生一次未能修好等。

（2）提供汽车配件类服务企业，如在维修过程中，企业未能及时供应车辆所需配件；在汽车配件价格方面：客户主观认为配件价格过高或收费不合理；在汽车配件质量方面：由于配件的外观质量或耐久性问题等。

（3）在4S店，客户投诉主要内容有：企业承诺未履行、交车日期延误、价格过高（价格调整）、夸大产品性能、销售服务态度不佳等。

（4）更要引起重视的是，如果汽车维修企业对重大客户投诉处理不妥，将会造成更为严重的后果，重大客户投诉的主要内容是如下几个方面：

①在客户的心态方面，客户的期望已超过车辆本身的赔偿期望。

②在处理程序方面，该投诉已经过维修站、经销商、现场经理的处理且无法和客户达成处理意见。

③在赔偿金额方面，大大超出企业按惯例实施的善意补偿标准（人民币一万元以上）。

④在风险方面，该投诉可能涉及公关、媒体、法律等，处理不当会直接造成企业信誉的损毁。

⑤在处理方式方面,该投诉无法通过企业的售后政策、无法采用维修和技术手段实施解决。

客户的抱怨和投诉,大概可以分下列四种情况,见表6-2。

维修客户抱怨内容分析　　　　表6-2

抱怨类型	相关内容
产品质量抱怨	车辆性能或故障; 客户对产品不了解; 未按操作规范使用; 销售时遗留的问题(销售员对产品的交代不清楚)
维修服务抱怨	首次确定的问题不正确; 同一问题多次出现; 问题长时间没有解决; 未对客户车辆进行防护; 出厂时车辆清洗不干净; 保修范围的判定有误; 未按约定时间交车; 结算金额超出预期; 未使用纯正配件; 未按客户要求作业
对服务态度的抱怨	服务顾问的态度; 其他工作人员的态度
由于客户自身原因而引起的抱怨	希望产品不出问题; 对维修时间要求较高; 节省费用; 故意刁难、侥幸心理; 寻求平衡心理(比如买贵了); 对保修条款不能正确的理解; 服务产品的说明

6.2 处理客户投诉的对策

6.2.1 息事宁人策略

妥协不仅仅是为了息事宁人而作出的让步,更重要的是能找到同时满足双方需要的办法。需要是其动因,如果能在满足自身需要的基础上切实满足对方的真实需要,那么你在处理客户投诉的过程中就会处于有利的主导地位,而你给对方的投诉处理也会在双赢中迎来一个两全其美的结局。妥协就是为了满足双方的需要,因此在投诉处理中是十分重要的。

所以在处理客户投诉的过程中,要注意语言和行为等方面的细节,服务礼仪要到位,对客户的抱怨和投诉表示理解、表示歉意,在处理的过程中晓之以理,诚心帮助。同时不要忽略感情投资,注意感情沟通,处处为客户着想。

6.2.2 黑白脸配合策略

黑白脸策略是指,在客户进行投诉的时候,投诉处理人员一方成员扮演"黑脸",说事情很难处理或者无法处理之类的话语;另外一个成员扮演白脸,说在某些方面可以进行处理等,这就是黑白脸策略。但黑白脸策略要看具体情形,尤其注意的是,如果在客户非常生气的情形下就不宜采用。

6.2.3 将错就错策略

在处理客户抱怨和投诉时,可以采用将错就错策略来平息客户的抱怨,即以"过程"推断责任。在处理过程中,详细记录处理过程,避免纠纷,不仅要使客户口服,而且也要心服。然后以"解决"摆脱困境,在处理过程中,要对事不对人,不要抓住客户把柄不放,最后提供事件的处理方案。

6.2.4 丢车保帅策略

"车"本是象棋里面最得力的一只棋子。但是被别人"将军"了,又没有其他的办阻挡时,只有拿"车"去挡。比喻为:丢掉重要的东西(事物)来保住更重要的东西(事物)。

丢"车"冤枉,但是"帅"更值钱。处理客户投诉的过程中,在容许的范围内,用赠送免工时费、零部件费打折或免费、特例保修、送精品、更换总成等方法来平息客户的抱怨和投诉。这时要注意不要太早亮出自己的底牌,否则将难以满足客户。这样可以避免事件扩大,产生不良广告效应,给公司或企业形象造成影响,使品牌、声誉受损。可以避免不必要的麻烦产生。同时注意服务礼仪到位,不要忽略感情投资。

6.2.5 "威逼利诱"策略

在处理客户的抱怨和投诉过程中,如遇到难缠、不讲理的客户,可以采用"威逼利诱"策略。"威逼"的依据主要有:国家无法律和政策上的规定、汽车维修行业规定先维修、后更换等。这时要注意威而不严,比如,"经过调查,我们手中掌握有证据"、"拖得越久,客户损失越大"等。在进行"利诱"时,要注意击中要害,要红脸白脸交替进行,"利诱"要有针对性。

因此,在处理客户投诉时,具体采用什么策略,需依照具体情形而确定,可以单独采用某种策略也可以综合采用多种策略,但其目的都是及时、准确解决客户投诉,以便找到解决问题的方案,消除客户不满,到达客户满意,这样才能建立良好的企业与客户的关系。

7. 典型投诉案例分析

(1)客户投诉详细内容。客户的车辆蒸发箱漏水,去4S店处理,工作人员告诉客户已经向厂家打了索赔申请的报告,但是至今没有消息。客户给4S店打电话得知,厂家负责索赔定损的人员出差了,其他人员没有权利做这个事情。客户觉得4S店的服务是很负责的,可是厂家的服务怎么是这样呢,就算是这个人出差了,这个部门其他的工作人员就不能处理这件事情了吗?全国这么多的客户,不能只等这一个人,而且他出差也应该把工作授权给其他人。客户要求答复关于其蒸发箱的索赔报告要什么时间审批下来,问题什么时候能得到解决?

(2)处理过程/结果。客户去服务店维修,4S店已明确说明可为客户更换,但当时没有货。现在已为客户更换完毕。

(3)问题点。4S店态度不明确,如是质量问题就应明确告诉客户,这与厂家定损人是没有关系的。据了解,4S店确实向厂家汇报过该问题,并已明确免费为客户更换。但需要一个订货的过程,关于这点4S店没有向客户解释清楚。

(4)预防措施。如问题明确,应立即向客户说明。不要对客户说厂家人不在,出差没人管等语言,这样会使客户抱怨增强。

总之,客户投诉是一份礼物,它可以让汽车维修服务企业不断改进服务系统、优化服务流程、不断培训员工,并对员工进行评估、考核,及时了解客户的需求。当危机发生时,企业更应该洞察征兆,掌握投诉可能会造成的危机影响范围,极力避免危机发生,掌握投诉处理的原则与技巧,以防范危机的发生。

思考与练习

一、问答题

1. 处理客户投诉的要诀是什么?
2. 错误处理客户抱怨的方式有那几种方式?
3. 客户抱怨投诉处理的步骤是怎样的?
4. 客户投诉处理的应对策略有哪些?

二、案例分析

某品牌4S店,有一位新购车客户在购车一周后同朋友去郊游,期间发现朋友用别的捷达车钥匙可以打开自己车车门。该客户来店,向前台接待反映此事,客户认为是车辆质量问题,要求更换全车锁芯。

问题:投诉处理人员遇到这种事情该如何处理?

情形1:该店的投诉处理人员接待了这位客户,当即表明这不是质量问题,拒绝了客户的要求,并给客户进行了举例解释。

问题:你认为这位投诉处理人员处理的怎样?

情形2:客户在听到解释后随即离开,两天后该客户同另外一位朋友一同前来,找到了两天前接待她的前台主管又问了相同的问题,该主管又进行了同样的解释,客户听完后同伙伴一起离开。

问题:你认为此事又出现了什么样的变化?

情形3:三天后,此事上了电视台的生活类栏目。

问题:你认为,为什么会出现了这种事情?

拓展学习

客户关系危机管理

1. 概述

近年来随着经济发展的深度和广度不断加大,消费活动向内需性转化,特别是在汽车行业,消费活动不但广度和深度处于白热化阶段,而且由于和公众的日常生活息息相关,其所收到的关注度也是前所未有的。正是社会和公众的关注,近些年来汽车行业爆发了小到品牌经销店,大到国际知名大牌的诚信危机事件。这些危机事件给企业和品牌都造成了深度的伤害,使得苦心经营的企业和品牌信誉在市场中受到沉重打击,破坏了产品的形象,使得企业的经营严重受阻甚至倒退。

(1)危机的必然性。根据美国《危机管理》一书的作者菲克普对《财富》杂志排名前500强的大企业董事长和CEO所做的专项调查表明,80%的被调查者认为,现代企业面对危机,就如同人们必然面对死亡一样,已成为不可避免的事情。其中,有14%的人承认,曾经受到严重危机的挑战。

作为有别于一般客户投诉的冲突事件,对危机的管理具有其自身的特点和处理方法,发达国家对此有深入的研究。

在市场经济发展历史最为悠久的欧美地区,把危机管理(crisis management)称为危机沟通管理(crisis communication management),在危机处理中沟通的分量是显而易见的。加强信息的披露与公众的沟通,争取公众的谅解与支持是危机管理的基础手段。

(2)危机管理的定义。危机管理是专门的管理科学,它是为了应对突发的危机事件,抗拒突发的灾难事变,尽量使损害降至最低点而事先建立的防范、处理体系和对应的措施。对一个企业而言,可以称为企业危机的事项是指当企业面临与社会大众或客户有密切关系且后果严重的重大事故,而为了应付危机的出现,在企业内预先建立防范和处理这些重大事故的体制和措施,则称为企业的危机管理。

(3)危机管理的目的。危机管理是企业为应对各种危机情境所进行的规划决策、动态调整、化解处理及员工培训等活动过程,其目的在于消除或降低危机所带来的威胁和损失。危机管理的应用,甚至能将危机转化为机遇。普林斯顿大学的诺曼·R·奥古斯丁教授认为,每一次危机本身既包含导致失败的根源,也孕育着成功的种子。发现、培育,以便收获这个潜在的成功机会,就是危机管理的精髓。而习惯于错误地估计形势,并使事态进一步恶化,则是不良的危机管理的典型。简言之,如果处理得当,危机完全可以演变为"契机"。

(4)危机管理的三阶段模型。把公共危机管理分成危机前(precrisis)、危机(crisis)和危机后(postcrisis)三个大的阶段,每一阶段又可分为不同的子阶段。

2. 企业危机管理的基本原则

1)制度化原则

危机发生的具体时间、实际规模、具体态势和影响深度,是难以完全预测的。这种突发事件往往在很短时间内会对企业或品牌产生恶劣影响。因此,企业内部应该有制度化、系统化的有关危机管理和灾难恢复方面的业务流程和组织机构。这些流程在业务正常时不起作用,但是危机发生时能及时启动并有效运转,对危机的处理发挥重要作用。国际上一些大公司在危机发生时往往能够应付自如,其关键之一是制度化的危机处理机制,从而在发生危机时可以快速启动相应机制,全面而井然有序地开展工作。因此,企业应建立成文的危机管理制度、有效的组织管理机制、成熟的危机管理培训制度,逐步提高危机管理的快速反应能力。在这方面,天津史克面临康泰克危机事件时的沉着应对就是一个典型的危机处理成功范例。

2)诚信形象原则

企业的诚信形象,是企业的生命线。危机的发生必然会给企业诚信形象带来损失,甚至危及企业的生存。矫正形象、塑造形象是企业危机管理的基本思路。在危机管理的全过程中,企业要努力减少对企业诚信形象带来的损失,争取公众的谅解和信任。只要客户或社会公众是由于使用了本企业的产品而受到了伤害，企业就应该在第一时间向社会公众公开道歉以示诚意，并且给受害者相应的物质补偿。对于那些确实存在问题的产品，应该不惜代价迅速收回，立即改进企业的产品或服务，以尽力挽回影响，赢得消费者的信任和忠诚，维护企业的诚信形象。"泰诺"中毒事件的处理，维护了约翰逊公司的信誉，赢得舆论和公众的一致赞扬，为今后重新占领市场创造了极为有利的条件。

3）信息应用原则

随着信息技术日益被广泛地应用于政府和企业管理，良好的管理信息系统对企业危机管理的作用也日益明显。信息社会中，企业只有持续获得准确、及时、新鲜的信息资料，才能保证自己的生存和发展。预防危机必须建立高度灵敏、准确的信息监测系统，随时搜集各方面的信息，及时加以分析和处理，从而把隐患消灭在萌芽状态。在危机处理时，信息系统有助于有效诊断危机原因、及时汇总和传达相关信息，并有助于企业各部门统一口径，协调作业，及时采取补救的措施。2003 年 8 月的"进口假红牛"危机中，红牛维他命饮料公司及时查找信息来源，弄清事情真相。红牛公司立即同国内刊登该新闻的一些主要网站取得联系，向其说明事情真相。同时，红牛通知全国 30 多个分公司和办事处，要求它们向当地的经销商逐一说明事情真相，以坚定经销商对红牛的信心和信任。及时、准确的信息应用使"假红牛"的负面影响在一定范围之内得到控制，把危机对于品牌和公司的危害降到了最低限度。

4）预防原则

防患于未然永远是危机管理最基本和最重要的要求。危机管理的重点应放在危机发生前的预防，预防与控制是成本最低、最简便的方法。为此，建立一套规范、全面的危机管理预警系统是必要的。现实中，危机的发生具有多种前兆，几乎所有的危机都是可以通过预防来化解的。危机的前兆主要表现在产品、服务等存在缺陷、企业高层管理人员大量流失、企业负债过高长期依赖银行贷款、企业销售额连续下降和企业连续多年亏损等等。因此，企业要从危机征兆中透视企业存在的危机，企业越早认识到存在的威胁，越早采取适当的行动，越可能控制住危机的发展。1985 年，海尔集团总裁张瑞敏当着全体员工的面，将 76 台带有轻微质量问题的电冰箱当众砸毁，力求消除质量危机的隐患，创造出了"永远战战兢兢，永远如履薄冰"的独具特色的海尔生存理念，给人一种强烈的忧患意识和危机意识，从而成为海尔集团打开成功之门的钥匙。

5）企业领导重视与参与原则

企业高层的直接参与和领导是有效解决危机的重要措施。危机处理工作对内涉及从后勤、生产、营销到财务、法律、人事等各个部门，对外不仅需要与政府、媒体打交道，还要与消费者、客户、供应商、渠道商、股东、债权银行、工会等方方面面进行沟通。如果没有企业高层领导的统一指挥协调，很难想象这么多部门能做到口径一致、步调一致、协作支持并快速行动。企业高层的不重视往往直接导致整个企业对危机麻木不仁、反应迟缓。因此，企业应组建企业危机管理领导小组，担任危机领导小组组长的一般应该是企业一把手，或者是具备足够决策权的高层领导。

6）快速反应原则

危机的解决，速度是关键。危机降临时，当事人应当冷静下来，采取有效的措施，隔离危机，要在第一时间查出原因，找准危机的根源，以便迅速、快捷地消除公众的疑虑。同时，企业必须以最快的速度启动危机应变计划并立刻制定相应的对策。如果是内因就要下狠心处置相应的责任人,给舆论和受害者一个合理的交代;如果是外因要及时调整企业战略目标,重新考虑企业发展方向;在危机发生后要时刻同新闻媒体保持密切的联系,借助公证、权威性的机构来帮助解决危机,承担起给予公众的精神和物质的补偿责任,做好恢复企业的事后管理,从而迅速有效地解决企业危机。在2003年的"进口假红牛"危机中,红牛公司临阵不慌,出手"快、准、狠",将危机的负面影响减少到最小,从容地应对了这场关系品牌和产品的信任危机,体现了红牛危机管理的水平。

7) 创新性原则

知识经济时代,创新已日益成为企业发展的核心因素。危机处理既要充分借鉴成功的处理经验,也要根据危机的实际情况,尤其要借助新技术、新信息和新思维,进行大胆创新。企业危机意外性、破坏性、紧迫性的特点,更需要企业采取超常规的创新手段处理危机。在遇到"非典"这种突发危机时,青岛啤酒公司通过"两个创新"牢牢地抓住了商机。一是渠道的创新。青啤在许多城市通过与供水系统联合,利用他们的配送网络,实现了"非接触"式的送货上门。第二是销售终端的创新。青啤改变以城市的酒店为重点的销售终端,把力量集中在小区、社区和农村市场,有计划、有步骤地进一步开发家庭消费市场这个终端。

8) 沟通原则

沟通是危机管理的中心内容。与企业员工、媒体、相关企业组织、股东、消费者、产品销售商、政府部门等利益相关者的沟通是企业不可或缺的工作。沟通对危机带来的负面影响有良好的化解作用。企业必须树立强烈的沟通意识,及时将事件发生的真相、处理进展传达给公众,以正视听,杜绝谣言、流言,稳定公众情绪,争取社会舆论的支持。在中美史克PPA遭禁事件中,中美史克在事发的第二天召开中美史克全体员工大会,向员工通报了事情的来龙去脉,宣布公司不会裁员。此举赢得了员工空前一致的团结,避免了将外部危机转化为内部危机。相反,三星集团主席李健熙是一个强势的领导者。在1997年决定进入汽车产业的时候,李健熙认为凭借三星当时的实力,做汽车没有问题。实际上,汽车工业早已经是生产大量过剩、生产能力超过需求的40%,世界级品牌正在为瓜分市场而激烈竞争。由于企业内部领导层缺乏沟通,部门经理不敢提出反对意见。结果是,三星汽车刚刚投产一年就关门大吉。李健熙不得不从自己的腰包里掏出20亿美元来安抚他的债主们。

3. 企业危机管理的特征

1) 突发性

危机往往都是不期而至,令人措手不及,危机一般是在企业毫无准备的情况下瞬间发生,给企业带来的是混乱和惊恐。

2) 破坏性

危机发生后可能会带来比较严重的物质损失和负面影响,有些危机用毁之一旦来形容一点儿也不为过。

3) 不确定性

事件爆发前的征兆一般不是很明显,企业难以作出预测。危机出现与否与出现的时机是无法完全确定的。

4）急迫性

危机的突发性特征决定了企业对危机作出的反应和处理的时间十分紧迫，任何延迟都会带来更大的损失。危机的迅速发生引起了各大传媒以及社会大众对于这些意外事件的关注，使得企业必须立即进行事件调查与对外说明。

5）信息资源紧缺性

危机往往突然降临，决策者必须快速作出决策，在时间有限的条件下，混乱和惊恐的心理使得获取相关信息的渠道出现瓶颈现象，决策者很难在众多的信息中发现准确的信息。

6）舆论关注性

危机事件的爆发能够刺激人们的好奇心理，常常成为人们谈论的热门话题和媒体跟踪报道的内容。企业越是束手无策，危机事件就越会增添神秘色彩，引起各方的关注。

4. 危机管理的基本要素

危机管理必须具备的条件称为危机管理要素。其主要包括：

1）配备专业的危机管理人才

只有配备专业的管理人员，对危机进行全面深入的研究，制定严密的预控措施和应对方案，才能实施有效的危机管理。

2）采取先进的危机预测手段和措施

开发或引进先进的危机预测手段，提高危机预测的科技含量，对于现代危机管理是十分必要的。

3）及时、有效地消除、处理危机

提高对危机的应对能力及反应速度，对最大限度地降低危机所带来的损失是十分重要的。

5. 企业危机管理的内容

危机管理是企业在探讨危机发生规律、总结处理危机经验的基础上形成的新型管理范畴，是企业对危机处理的深化和对危机的超前反应。企业危机管理的内容包括：在危机出现前的预测与管理、危机中的应急处理以及危机的善后工作。在我国，危机管理具有特殊性。

1）危机前的预防与管理

危机管理的重点在于预防危机。正所谓"冰冻三尺非一日之寒"，几乎每次危机的发生都有预兆性。如果企业管理人员有敏锐的洞察力，能根据日常收集到的各方面信息，对可能面临的危机进行预测，及时做好预警工作，并采取有效的防范措施，这样就可以避免危机发生或把危机造成的损害和影响减少。出色的危机预防管理不仅能够预测可能发生的危机情境，积极采取预控措施，而且能为可能发生的危机做好准备、拟订计划，从而从容地应付危机。危机预防要注意以下几方面问题：

（1）树立正确的危机意识。生于忧患，死于安乐；居安思危，未雨绸缪。这是危机管理理念之所在。预防危机要伴随着企业经营和发展长期坚持不懈，把危机管理当作一种临时性措施和权宜之计的做法是不可取的。在企业生产经营中，要重视与公众沟通，与社会各界保持良好关系；同时，企业内部要沟通顺畅，消除危机隐患。企业的全体员工，从高层管理者到一般员工，都应居安思危，将危机预防作为日常工作的组成部分。全员的危机意识能提高企业抵御危机的能力，有效地防止危机产生。

(2)建立危机预警系统。现代企业是与外界环境有密切联系的开放系统,不是孤立封闭体系。预防危机必须建立高度灵敏准确的危机预警系统,随时收集产品的反馈信息。一旦出现问题,就要立即跟踪调查,加以解决;要及时掌握政策决策信息,研究和调整企业的发展战略和经营方针;要准确了解企业产品和服务在用户心目中的形象,分析掌握公众对本企业的组织机构、管理水平、人员素质和服务的评价,从而发现公众对企业的态度及变化趋势;要认真研究竞争对手的现状、实力、潜力、策略和发展趋势,经常进行优劣对比,做到知已知彼;要重视收集和分析企业内部的信息,进行自我诊断和评价,找出薄弱环节,采取相应措施。

(3)成立危机管理小组,制订危机处理计划。成立危机管理小组,是顺利处理危机,协调各方面关系的组织保障。危机管理小组的成员应尽可能选择熟知企业和本行业内外部环境,有较高职位的公关、生产、人事、销售等部门的管理人员和专业人士。他们应具有富于创新、善于沟通、严谨细致、处乱不惊、具有亲和力等素质,以便于总览全局,迅速作出决策。小组的领导人不一定非公司总裁担任不可,但必须在公司内部有影响力,能够有效控制和推动小组工作。危机管理小组要根据危机发生的可能性,制订出防范和处理危机的计划。包括主导计划和不同管理层次的部门行动计划两部分内容,危机处理计划可以使企业各级管理人员做到心中有数,一旦发生危机,可以根据计划从容决策和行动,掌握主动权,对危机迅速作出反应。

(4)进行危机管理的模拟训练。企业应根据危机应变计划进行定期的模拟训练。模拟训练应包括心理训练、危机处理知识培训和危机处理基本功演练等内容。定期模拟训练不仅可以提高危机管理小组的快速反应能力,强化危机管理意识,还可以检测已拟定的危机应变计划是否切实可行。

(5)广结善缘、广交朋友。运用公关手段来建设和维系与公众关系,以获得更多支持者。

2)危机中的应急处理

危机事件往往时间紧,影响面大,处理难度高。因此,危机处理过程中要注意以下事项:

(1)沉着镇静。危机发生后,要保持镇静,采取有效的措施隔离危机,不让事态继续蔓延,并迅速找出危机发生的原因。

(2)策略得当。即选择适当的危机处理策略。危机处理主要策略包括:

①危机中止策略。企业要根据危机发展的趋势,审时度势,主动中止承担某种危机损失。例如:关闭亏损工厂、部门,停止生产滞销产品。

②危机隔离策略。由于危机发生往往具有关联效应,一种危机处理不当,就会引发另一种危机。因此,当某一危机产生之后,企业应迅速采取措施,切断危机同企业其他经营领域的联系,及时将爆发的危机予以隔离,以防扩散。

③危机利用策略。即在综合考虑危机的危害程度之后,创造有利于企业某方面利益的结果。例如:在市场疲软的情况下,有些企业不是忙着推销、降价,而是眼睛向内,利用危机造成的危机感,发动职工提合理化建议,搞技术革新,降低生产成本,开发新产品。

④危机排除策略。即采取措施,消除危机。消除危机的措施,按其性质有工程物理法和员工行为法。工程物理法以物质措施排除危机,如投资建新工厂、购置新设备,来改变生产经营方向、提高生产效益。员工行为法是通过公司文化、行为规范来提高士气,激发员工创造性。

⑤危机分担策略。即将危机承受主体由企业单一承受变为由多个主体共同承受。如采用合资经营、合作经营、发行股票等办法,由合作者和股东来分担企业危机。

⑥避强就弱策略。由于危机损害程度强弱有别,在危机一时不能根除的情况下,要选择危机损害小的策略。

(3) 应变迅速。以最快的速度启动危机应变计划。应刻不容缓,果断行动,力求在危机损害扩大之前控制住危机。如果初期反应滞后,就会造成危机蔓延和扩大。1996年,美国某电视台的直播节目指控连锁超市"雄狮食品"出售变质了的肉制品,结果引起该公司的股票价格暴跌。但是,雄狮食品公司迅速采取了危机应对行动。他们邀请公众参观店堂,在肉制品制作区立起透明的玻璃墙供公众监督。同时,采取了改善照明条件、给工人换新制服、加强员工培训、大幅打折促销等一系列措施,将客户重新吸引回来。经过这些强有力的实际行动,最终,食品与药品管理局对它的检测结果为"优秀"。此后,销售额很快恢复到了正常水平。

(4) 着眼长远。危机处理中,应更多地关注公众和消费者的利益,关注公司的长远利益,而不仅仅是短期利益。应设身处地、尽量为受到危机影响的公众减少或弥补损失,维护企业良好的公众形象。20世纪90年代曾经红极一时的"三株口服液",就是因为对一场原因说不清、道不明的人命官司处理不当,对受害者漠然置之,不重视公众利益,最终导致了公司经营难以为继。企业犯这种错误的事件屡见不鲜,教训极其深刻。

(5) 信息通畅。建立有效的信息传播系统,做好危机发生后的传播沟通工作,争取新闻界的理解与合作。这也是妥善处理危机的关键环节,主要应做好以下工作:一是掌握宣传报道的主动权,通过召开新闻发布会以及使用互联网、电话传真等多种媒介,向社会公众和其他利益相关人及时、具体、准确地告知危机发生的时间、地点、原因、现状,公司的应对措施等相关的和可以公开的信息,以避免小道消息满天飞和谣言四起而引起误导和恐慌。二是统一信息传播的口径,对技术性、专业性较强的问题,在传播中尽量使用清晰和不产生歧义的语言,以避免出现猜忌和流言。三是设立24小时开通的危机处理信息中心,随时接受媒体和公众访问。四是要慎重选择新闻发言人。发言人一般可以安排主要负责人担任,因为他们能够准确回答有关企业危机的各方面情况。如果危机涉及技术问题,就应当由分管技术的负责人来回答。如果涉及法律,那么,企业法律顾问可能就是最好的发言人。新闻发言人应遵循公开、坦诚、负责的原则,以低姿态、富有同情心和亲和力的态度来表达歉意,表明立场,说明公司的应对措施。对不清楚的问题,应主动表示会尽早提供答案。对无法提供的信息,应礼貌地表示无法告之并说明原因。

(6) 要善于利用权威机构在公众心目中的良好形象。为增强公众对企业的信赖感,可邀请权威机构(如政府主管部门、质检部门、公关公司)和新闻媒体参与调查和处理危机。1997年,当百事可乐的软饮料罐中发现了来历不明的注射器时,百事公司迅速邀请五家电视台、公证机构以及政府质检部门参加对公众的演示活动,以证明这些异物只可能是由购买者放进去的。结果,由于措施得当及时,公众的喧闹很快便得到平息。

3) 危机的善后总结

危机总结是整个危机管理的最后环节。危机所造成的巨大损失会给企业带来必要的教训,所以,对危机管理进行认真系统的总结十分必要。危机总结可分为三个步骤:

(1)调查,指对危机发生原因和相关预防处理的全部措施进行系统调查。

(2)评价,指对危机管理工作进行全面的评价。包括对预警系统的组织和工作内容、危机应变计划、危机决策和处理等各方面的评价,要详尽地列出危机管理工作中存在的各种问题。

(3)整改,指对危机管理中存在的各种问题进行综合归类,分别提出整改措施,并责成有关部门逐项落实。

6. 企业危机管理案例

1)可口可乐中毒事件

1999年6月9日,比利时120人(其中包括40名学生)在饮用可口可乐之后出现呕吐、头痛等中毒症状。紧接着,法国里尔也传来有80多人在喝完可口可乐后出现各种不适症状,还有报道说一名5岁的儿童出现严重的溶血症。

一周后,比利时政府颁布禁令,禁止在本国销售可口可乐公司生产的各种品牌的饮料。

1999年6月17日,可口可乐公司首席执行官依维斯特专程从美国赶到比利时首都布鲁塞尔,在这里举行记者招待会。当日,会场的每个座位上都摆放着一瓶可口可乐。在回答记者的提问时,依维斯特这位两年前上任的首席执行官反复强调,可口可乐公司尽管出现了眼下的事件,但仍然是世界上一流的公司,它还要继续为消费者生产一流的饮料。有趣的是,绝大多数记者没有饮用那瓶赠送与会人员的可乐。

记者招待会的第二天,也就是1999年6月18日,依维斯特便在比利时的各家报纸上出现——由他签名的致消费者的公开信中,仔细解释了事故的原因,信中还作出种种保证,并提出要向比利时每个家庭赠送一瓶可乐,以表示可口可乐公司的歉意。

与此同时,可口可乐公司宣布,将比利时国内同期上市的可乐全部收回,尽快宣布调查化验结果,说明事故的影响范围,并向消费者退赔。可口可乐公司还表示要为所有中毒的顾客报销医疗费用。可口可乐其他地区的主管,如中国公司也宣布其产品与比利时事件无关,市场销售正常,从而稳定了事故地区外的人心,控制了危机的蔓延。

此外,可口可乐公司还设立了专线电话,并在因特网上为比利时的消费者开设了专门网页,回答消费者提出的各种问题。比如,事故影响的范围有多大、如何鉴别新出厂的可乐和受污染的可乐、如何获得退赔等。整个事件的过程中,可口可乐公司都牢牢地把握住信息的发布源,防止危机信息的错误扩散,将企业品牌的损失降低到最小限度。

1999年6月22日,可口可乐行政总裁艾华士直飞比利时接受专访,公开向消费者道歉,并表示了可口可乐对于重塑消费者信心方面的信心和举措。

1999年6月23日,比利时卫生部决定,从24日起取消对可口可乐的禁销令,准许可口可乐系列产品在比利时重新上市。

法国财政部长多米尼克·施特劳斯·卡恩24日宣布,从即日起取消对可口可乐的禁销令,批准可口可乐系列饮料重新在法国上市。多米尼克·施特劳斯·卡恩是在法国食品卫生安全部门对可口可乐饮品检验合格后取消这一禁令的。法国食品部门在对法国敦刻尔克的可口可乐生产基地进行了数据安全检查后证实,现在该基地生产的可口可乐、淡味可乐、芬达和雪碧等系列饮料都十分卫生,完全可供给消费者饮用。

随着这一公关宣传的深入和扩展,可口可乐的形象开始逐步恢复。不久,比利时的一些居民陆续收到了可口可乐公司的赠券,上面写着:"我们非常高兴地通知您,可口可乐又回到了市场。"孩子们拿着可口可乐公司发给每个家庭的赠券,高兴地从商场里领回免费的可乐:"我又可以喝可乐了。"商场里,又可以见到人们在一箱箱地购买可乐。

中毒事件平息下来,可口可乐重新出现在比利时和法国商店的货架上。

从第一例事故发生到禁令的发布,仅10天时间,可口可乐公司的股票价格下跌了6%。据初步估计,可口可乐公司共收回了14亿瓶可乐,中毒事件造成的直接经济损失高达6000多万美元。

2)肯德基:自曝家丑换取诚信

肯德基是世界最大的炸鸡快餐连锁企业,其标记KFC是英文Kentucky Fricken Chicken(肯德基炸鸡)的缩写,肯德基在世界各地拥有超过11000家的餐厅。这些餐厅遍及80多个国家,它已经成为全球知名企业。

但是,在2005年3月15日,上海市相关部门在对肯德基多家餐厅进行抽检时,发现肯德基的新奥尔良鸡翅和新奥尔良鸡腿堡调料中含有可能致癌的"苏丹红一号"成分。

肯德基对于突然遭遇的危机事件,态度还是非常坦然的。在2005年3月16日上午,百胜集团上海总部通知全国各肯德基分部,从16日开始,立即在全国所有肯德基餐厅停止售卖新奥尔良鸡翅和新奥尔良鸡腿堡两种产品,同时销毁所有剩余的调料。

两天后,北京市食品安全办紧急宣布,该市有关部门在肯德基的原料辣腌泡粉中检出可能致癌的"苏丹红一号",这一原料主要用在"香辣鸡腿堡"、"辣鸡翅"和"劲爆鸡米花"三种产品中。

在此期间,还发生了几起消费者持发票向肯德基索赔时遭遇刁难的事件。对于出现的这种情况,肯德基的解释是,这是他们自查的结果。

到了3月18日,北京有关部门抽查到了这批问题调料,于3月19日向媒体公布,责令停售。

然而,肯德基并没有听之任之,而是自爆家丑,诚信以对。"苏丹红危机事件"中的肯德基就十分聪明,肯德基作出了一个令所有人震惊的举动,即主动向媒体发表声明:"……但是十分遗憾,昨天在肯德基新奥尔良烤翅和新奥尔良鸡腿堡调料中还是发现了苏丹红一号成分。"肯德基的这份声明,主动、诚恳,表现出对消费者的健康极为重视的态度,迅速在各大报纸头版头条中甚至社论上出现。

肯德基在"苏丹红一号"引发的食品召回危机事件中的处理方式堪称是成功危机公关的经典。综合各方的点评,可以将其归纳为以下几个方面:积极配合;信息翔实,消除误解;反应迅速,以快打慢;态度坦诚,程序控制,有理有节。究其原因,不难发现,肯德基多年来一直重视企业形象管理,对消费者关注的食品健康问题从不回避,并从消费者的角度宣传营养健康知识,提倡健康的饮食消费理念。

百胜餐饮集团发布的《中国肯德基健康食品政策白皮书》更是将其"为中国人打造一个合乎中国人需求的品牌"这一战略思想和"立足中国,融入生活"的经营信念阐述得淋漓尽致。

与麦当劳广告涉嫌"侮辱消费者"事件相比较而言,肯德基能够为消费者着想,其坦诚、主动的态度为自己赢得广大消费者的认可和主流媒体的一致称道。而肯德基也迅速从这次危机事件中走出来,生意依旧红红火火。

肯德基"苏丹红一号"危机事件的处理方式给我们的启示是:

(1)主动承担责任,体现出了一个跨国企业高度的社会责任感和诚信操守。

(2)坚持一切投诉通过法律途径来解决,在法律问题上,不做任何逃避。

(3)提出构建整个社会诚信体系的重要性,而这一点也是建立"和谐社会"的良好基础。

企业公信力的培养是一个不断积累、循序渐进的过程,并不是一朝一夕或是一两件有影响力的事件就能够建立起来的。

消费者对企业认同的前提必定是首先认同了企业的相关产品,因此产品作为一个纽带,作用非常重大。产品的质量是企业发展的根本保障,也是企业赢得公信力的王牌。只有长期对产品的质量要求过硬,让产品能够确实满足消费者的需求,才能够为企业建立广泛、深刻的公信力。这是一个持续和不断积累的过程,社会公众对企业的信任度越高,范围就会越广,企业公信力的建立才会更扎实。

反过来看,企图走捷径,想通过一两件轰动性的事件达到建立公信力的目的是非常错误的做法。轰动性的危机事件往往只是昙花一现,在公众的记忆中存在很短的一段时间,不久之后就会退出人们关注的视线范围。

管理者急功近利带来的只会是一时之快,对于企业品牌的建设、公信力的建立都是存在很大弊端的,是不值得提倡的。企业只有稳扎稳打、一步一个脚印,才能建立和培养出公众广泛认同的公信力。要知道,企业的公信力是公众给予的,而不是企业管理者自吹自擂,给自己扣个高帽子就可以轻易获得的。所以,企业管理者必须接受社会公众的考验,赢取普遍认同的良好口碑,奠定坚实的公信力基础。

危机事件是危险与机会的统一体。当企业陷入危机事件的同时,也蕴涵了机会的存在。危机管理的要点就在于把风险转化为机会,企业可以通过有效的危机处理,利用危机事件带来的反弹机会,使企业在危机事件过后树立起更优秀的形象,唤起消费者更大的关注。越是在危机的关键时刻,就越能彰显一个优秀企业的整体素质和综合实力。

一旦危机事件发生,企业管理者对危机事件的反应必须快捷。危机事件发生后的24小时最为关键,在当今这个资讯传播如此迅速的时代,拖延时间无疑会让更多的消费者对企业失去信任。企业管理者应该在最短的时间内作出反应,通过新闻媒介表明态度。让受害者、消费者、社会公众消除对企业的不信任,避免反面宣传不断传播所带来的不良影响。假如采取拖的态度或方式,不仅对解决问题没有任何帮助,而且会进一步损害企业自身的形象,造成更为严重的后果。同时,企业管理者也要迅速查明发生危机事件的原因、研究对策、实施补救,使公众在第一时间了解其真相以及企业管理者已经采取的各项措施,获得同情和信任,重塑企业良好的形象。

此外,危机事件也会带来更多不良的社会影响,不可能在一朝一夕之间消失殆尽。为了能有效地恢复企业的形象和声誉,就要做好危机事件的善与后工作。根据企业危机事件过后的实际情况和市场环境,采取策略性的恢复计划,重新建立起社会公众对企业的信心。危机事件处理妥当,可以为企业在竞争日趋激烈的市场中树立起亲近消费者、充分体现人文关怀的良好形象。

所以,一个负责任的企业管理者必须具备的良好生存心态,不能因为发生危机事件就退缩，不能因为危机事件就倒下，这也是企业成熟的表现。企业管理者无论犯错与否，都需要有一个正确的生存心态，增加透明度，向公众做坦诚的解释，人们会对敢于认错、知错就改、勇于负责的行为叫好，却无法原谅遮遮掩掩和躲避事实的行为。

那么，我们现在回过头来分析一下肯德基在处理危机事件时，为什么敢于直面问题、自曝家丑呢？这种做法是正确的还是错误的呢？

在目前我国市场信用状况不太好、整个社会信用体系和市场监管体制不完善的情况下，企业似乎还很不习惯自曝家丑，这倒是一个值得深思的问题。

在当时被披露出的"涉红"跨国企业及众多国内企业中，真正挺身而出、自曝家丑并公开致歉的只有肯德基一家。和这些企业（也包括个别世界500强企业）形成鲜明对比的是，肯德基的自曝家丑体现出了一个跨国企业高度的社会责任感和诚信操守。

企业是否能够自觉地对消费者负责，取决于其对自身品牌价值的重视程度。企业在建设自身品牌过程中投入了巨额资本，培育起广大消费者的信任和忠诚度，这是来之不易的。企业应清楚地知道品牌声誉的好坏决定了企业未来发展命运，绝不能有意采取短期行为来获取利益。一旦出问题，应毫不迟疑地以牺牲短期利益来维护自身品牌的长期利益。

肯德基敢于自曝家丑，实质就是敢于承担责任、对消费者负责、对社会负责、对企业品牌负责，这样的行为无疑将得到社会和消费者更高的信任度。而刻意隐瞒、躲避责任的企业，也许会有一时的利益，但终究会被社会和消费者所唾弃。

当有媒体提出"这次事件是否是肯德基遭遇的最大信任危机"时，肯德基公关部总监认为，"这对肯德基来讲当然是一个挑战。但是，最关键的还是我们能够说到做到，不管别人说什么，我们用自己的行动做到对消费者负责。""我们自己说出问题，有多少企业能够做到？我相信消费者最后会看到，肯德基对消费者是负责的。"所以，对于肯德基自曝家丑的"是"与"非"的问题，我们应该是一目了然的。

学习单元 7　　书面沟通技巧

学习目标

1. 了解书面沟通的特点；
2. 掌握写作的一般过程和写作的影响因素；
3. 能进行企业常用文书的写作；
4. 能运用电子沟通；
5. 掌握汽车维修业务接待中所要使用的文书写法；
6. 掌握即时短信的撰写要求。

学习时间

6 学时。

1. 书面沟通概述

书面沟通是指以书面或电子作为载体,运用文字、图式进行的信息传递的过程。

书面沟通是以文字为媒体的信息传递形式,主要包括文件、报告、信件、书面合同等(口头沟通是以口语为媒体的信息传递形式,主要包括面对面交谈、电话、开会、讲座和讨论等)。书面沟通是一种比较经济的沟通方式,沟通成本也比较低。这种沟通方式一般不受场地的限制,因此被我们广泛采用。在计算机信息系统普及应用的今天,我们很少采用纸质的方式进行沟通。纸质的沟通方式一般在解决较简单的问题或发布信息时采用。图7-1 为电子沟通形式。

图 7-1　电子沟通形式

1.1　书面沟通的特点

书面沟通具有以下 7 个特点：

(1) 书面沟通的信息可以长期保存,是准确而可信的证据,有助于信息接收者对信息进行深度加工与思考。

(2) 写作人可以从容地表达自己的意思,可以促使信息发送者对自己要表达的东西进行更加认真的思考,使其更加条理化。

图7-2　纸质的书面沟通

(3)书面沟通是一种多样性的有形展示,不受时空的限制,实现不同时空的沟通。

(4)耗时较长。

(5)不能及时提供反馈信息。

(6)在特定群体内部约定俗成的规则对书面沟通的影响、限制很大。

(7)具有严谨性和法律效应。

纸质的书面沟通形式如图7-2所示。

1.2　书面沟通的障碍

(1)发文者的语气、强调重点、表达特色以及发文的目的经常被忽略,从而使理解有误。

(2)信息及含义会随着信息内容所描述的情况以及发文和收文时的情况而有所变更。包括以下3点:

①个人观点——收文者很容易忽略与他自己的看法有冲突的信息。

②发文者的地位——发文者是上司、下属还是同一层级jh的同事,这些会影响信息的意义。

③外界的影响——收文者能否专心阅读收到的信息?收文者的心情如何?

(3)若发文者选择的格式或时机不当,收文者很可能因此不太注意其信息内容。

1.3　书面沟通的一般注意事项

(1)首先说明写作目的,以使读者开始阅读时就能对文件有一个纲领性的认识。如果需要提出请求(如请求批准、授权等),尽早说明这一请求。读者对于必须作出决定的信息和乐于听到的信息,处理方式是不同的。

(2)信件要简短。如果一封信超过两页,就需要改用一封简洁的信,并附上附件来代替。

(3)准备好随机阅读。收文者很少从头至尾完整地阅读一份文件,突出正文各个标题、简表、图片以及词语解释说明。指令要用祈使句,使用标题标明全文的各主要部分。

(4)媒介适应性。信纸、公文纸或电子邮件等不同的媒介载体会带给读者不同的视觉空间(电子邮件就需要较短的段落)。

(5)对于较长的文件,前面附上一张内容梗概表;对于相当长的文件,需要同时再附上目录索引。

2. 写作的一般过程和写作的影响因素

我们在进行写作时,一般应该遵循一定的写作过程,写作过程的五阶段如图7-3所示。

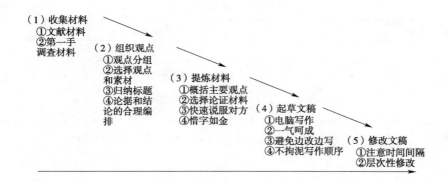

图 7-3　写作过程的五阶段

2.1　写作的一般过程

2.1.1　收集材料

资料来源主要有两大类：一类是文献资料，另一类是调查材料。文献资料如以前的信件、文档、文章、数据、财务报告、万维网上的资料、CD-ROM 等；调查材料包括与各类人员面谈、电话访谈、个人的笔记或采用头脑风暴法得到的信息等。

收集资料的过程中应该注意：

（1）在收集资料前，应该注意以下问题：

①在收集资料前，必须明了写作的意图。

②在收集材料时，还要明确阅读者的背景。例如，阅读者对于文件的主要内容了解与否，受教育程度高或低，个体或群体，对内容是否有兴趣。

③确定文书性质。

（2）分析读者，并问自己以下问题：

①谁将是这份材料的读者，他们是公司内部的人，还是公司以外的人？

②如果是内部的人，他们的职务是什么？责任范围又是什么？

③如果是外部人，他们与你是什么关系？与公司又是什么关系？

④读者对你引用材料的主题是否熟悉？他们是否熟悉材料中所指的特殊领域？

⑤他们对你的观点会有什么反应？

（3）除了注意材料的来源外，收集资料还有如下技巧：

①从身边的资料找起。

②尽量利用高科技手段。

③注重平时积累。

④材料数量坚持适中原则。

在信息收集时，要训练自己的两个基本功：一是勤做笔记的基本功，尤其是当有新的想法和灵感出来时，要尽快记录下来。另一个基本功是带着各种问题的方式与人沟通。可以通过按下面格式列出大纲等方法来训练基本功，见表 7-1。

信息收集基本功举例　　　　　　　　　　　　　　　　表 7-1

技巧一：列出大纲	技巧二：头脑风暴法
引言	通过联想列出各种想法
主要观点： ① ②	①改变规则的方法
次要观点： ① ②	②重新进行假设，并大声说出来：
写作的过程	对各种方法进行分类

2.1.2 组织观点

组织观点是最重要也是最困难的任务。如果在起草文稿之前能把观点组织好（也就是平时说的打好腹稿），写作的效率将大大提高。尽管在文稿修改过程中可以修正观点结构，但如果文稿能有一个系统的观点结构，将非常有利于提高写作效率。组织观点四步骤如下所示：

（1）观点分组：以问题和原因、时间和步骤、主要观点和次要观点的思路将相似的观点和事实组合成一体。

（2）选择观点和素材：根据分组的结果，提出初步的结论和建议。

（3）归纳标题：将结论和标题归纳成一个简短明了的标题。若想介绍某个信息时，标题就是你的结论，如以"过低的公估收入"作为标题，表明问题的关键。

（4）论据和结论的合理编排：对于不同的报告以及沟通对象，要策划相应的编排次序。如公司的高层领导没有太多时间来阅读上万字的报告，你就应该先把结论提出来，放在文章开头；如果是公司内部具体操作人员阅读你的报告，他们可能更关心的是理由、操作方式，因此要把依据放在文章前面。

2.1.3 提炼材料

提炼材料三技巧：

（1）在材料提炼上，首先要概括文章的主要观点，要善于用两句话来概括整篇文章的主要观点，同时分清主要和次要观点。

（2）要根据不同的对象选择论证材料，有的人喜欢理论性的材料，有的人喜欢实证性的材料，因此要根据对象的特点组织提炼材料以提高说服力。

（3）用最精练的词句说明观点，做到惜字如金。

2.1.4 起草文稿

在文稿起草过程中，建议运用以下四个方面的技巧：

（1）不断训练用电脑直接写作的习惯。在电脑上直接写作可以大大提高写作效率，其中最大的好处在于修改方便。

（2）不要一边写一边改。文章的写作过程是一个创造性过程，这时连续的思路比语句的润色更为关键，如果在写作的过程中去改，就会局限在细节性的问题上，中断你的创造力。

(3) 不要拘泥于写作顺序。你可以从结尾开始写,也可以从中间开始写,总体来说,你应该从自己最有把握的地方开始写。

(4) 不要断断续续地写,最好能够一气呵成。"打补丁式"的写作风格,会使你的思路经常中断,逻辑性下降,效率也降低。

2.1.5 修改文稿

文稿的修改,要注意时间间隔,当文章写完后,在修改前,最好将材料搁置一段时间,使你有时间思考新的观点;也别太看重自己所写的材料,这样能更好地理清你的观点。编辑修改时,主要从下面五个方面入手:

(1) 提炼校正文章主题。

(2) 增删更换材料。

(3) 调整结构安排。

(4) 斟酌变更写作手法。

(5) 推敲润色语言。修改文章中的词句,要避免冗长的语句,要注意文体。在措辞的使用上,要尽量避免"我认为"、"笔者提出"等语气,而尽可能用中性的表达方式。

2.2 写作过程的影响因素

2.2.1 环境的因素

环境的因素主要指读者对象的素质、文化水平、专业技术和需要对文本创作的影响等。

2.2.2 作者的自身素质

(1) 与任务相关的知识:如打字方法、研究技巧、统筹安排时间的技巧等。

(2) 与主题相关的知识:对主题相关的术语和专业知识的了解等。

(3) 与读者对象有关的知识:如对读者的文化水平、欣赏水平、专业知识、经验的了解等。

2.2.3 写作主题与时间

写作主题是写作过程的一个主要因素,时间的长短也会影响作者的进程和质量。为了保证效果和信誉,预约服务登记表、派工单、接车问诊单、电话回访记录表、客户抱怨/投诉及返修记录表和给客户的书面报告等,都有必要进行充分的检查和修改,这在很多时候是可利用时间的充裕度所决定的。

3. 企业常用文书

在当今这个科技高速发展的信息社会里,文字作为信息储存、传播、交流的一种主要手段,在社会经济文化建设中起着日益重要的作用,管理人员要高效率地工作,必须熟练掌握专业公文写作技巧。本节我们将重点介绍四种常用的公文种类:计划类文书、建议书、调查报告和汽车维修业务接待常用工单。

3.1 计划类文书

计划类文书是企业经济管理活动中使用范围很广的重要文体,当组织或部门要对未来一段时期的工作预先作出安排和打算时,都需要制订计划。根据实际情况,广义的计划可以分为许多不同种类,具体来讲,时间上长远、牵涉面较广的称为"规划";较繁杂、设计较全面的称为"方案";较为具体、直面一个现实问题的称为"安排";比较深入、细致,带有明显行动性的称为"计划"。这些文体都属计划类文书的范畴。尽管分类有所不同,但不同的计划类文书在内容上的共同点是,都涉及了"做什么"、"怎样做"和"做到什么程度"三个部分。

写好计划类文书既涉及具体工作业务的组织和安排,也是个人综合能力的体现,这不仅仅是文字表达上的事。首先,写作者必须根据计划书的内容明确这个计划需要用哪一个具体的计划种类来表达,从而确定具体文种,即是规划、计划、方案还是安排。然后,再根据该文种的具体书写要求进行撰写。举例来说,如果该计划历时较长、涉及总体战略性问题,就要用"规划"文体,因为规划没有必要写得太细,它的主要功能是明确方向、调动士气。如果计划内容是一项具体的工作,则用"方案"或"安排"文体,工作内容比较复杂的用"方案",较简单的用"安排"。如果计划内容既不是单项工作,又不是很宏大,这就该用狭义的"计划"了,因为狭义的计划是广义计划中最适中的一种。下面介绍四种常见计划类文书的写作。

3.1.1 工作规划

工作规划具体有以下特点:时间跨度一般都是五年或者十年;内容大都是全局性工作或涉及面较广的重要工作项目;在写法上比较概括。规划是为了对全局或长远工作作出统筹部署。相对其他计划类公文而言,规划带有方向性、战略性、指导性的意味,因而其内容往往要更具有严肃性、科学性和可行性。

规划的标准格式由标题和正文两部分组成,一般不必再落款,也不用写成文时间。规划的标题采用"四要素"写法:主体名称+期限+内容+规划,如《×××保险股份有限公司2010—2015年战略发展规划》。规划的正文大致包括以下四方面内容:

(1)前言。即背景材料,也就是制订规划的起因。这是制订规划的依据,因此应把诸多背景资料认真地加以综合、分析。

(2)指导思想和目标要求。这属于规划的纲领和原则,是在前言的基础上提出的,因此要用精练的语言加以阐述,使人读来感到坚定有力、受鼓舞。

(3)具体任务、政策、措施。这是规划的核心部分,是解决"做什么"和"怎样做"的问题,因此任务要明确,措施要具体。多由现状分析、规划内容、对策措施三部分组成。

(4)结尾。即远景展望和号召。这部分要写得简短、富有号召力。

3.1.2 计划

这里的计划是指狭义的计划,计划期限一般在一年或半年,且大多是以一个企业的工作为内容范围,只在单位内执行。计划一般不以文件形式下发,除标题和正文外,往往还要在标题下或文后标明"×年×月×日制订"等字样,以示郑重。

由于计划是对一个企业的全面工作或某一项重要工作的具体要求,所以写作时要做到具体、详细、有针对性。计划一般包括以下三方面的内容:

(1)开头。开头通过概述情况来阐述计划的依据,要写得简明扼要。同时要明确表达目的。

（2）主体。即计划的核心内容。主体部分包括阐述"做什么"（目标、任务）、"做到什么程度"（要求）和"怎样做"（措施办法）三项内容，具体地说，要有基本情况、目的与要求、步骤与做法等方面的内容。

（3）结尾。结尾或突出重点，或强调有关事项，或提出简短号召。

3.1.3　工作安排

安排属计划类文书的一种，它是更为具体、短期和单一的计划。由于其工作内容比较确切、单一，不作具体安排就不能有效地组织工作、如期完成任务，所以其内容要写得详细一些，这样容易使工作者把握进度。写作工作安排的注意事项有以下3个：

（1）发文方式。安排的内容由于涉及范围较小或是关乎企业内部的工作，所以一般有两种发文形式：一种是上级对下级安排工作，尽管涉及面较小，也要用文件形式下发，该安排分为标题和正文两部分。另一种是单位内部的工作安排，由标题、正文、落款及时间三部分组成。不管哪种形式，安排本身都不该有收文单位，如果必须有，则或者以"文件头"形式下发，或者以"关于……安排的通知"的名义下发。

（2）安排的标题可以是"三要素"写法（即主体名称+内容+安排），也可以是"两要素"写法（即省略主体名称），例如《×x公估股份有限公司关于查勘定损的工作安排》、《关于查勘定损的工作安排》。

（3）安排的正文一般由开头、主体和结尾三部分组成，也有的省略结尾，主体结束后，正文即随之结束。开头部分同计划的开头差不多，即阐述依据，要求简明扼要。主体是正文的核心，一般包括任务、要求、步骤、措施四方面内容。在结构上可按这四方面内容分别来写；也可把任务和要求合在一起，把步骤和措施结合在一起来写；还可以先写总任务，然后按时间先后顺序逐项地写具体任务，每一项具体任务的具体要求及措施要依据工作性质及具体内容来定。安排一般是一事一文，写作时要注意表达具体、简明。

3.1.4　工作方案

方案和安排有共同之处，即写作题材都是单项的工作，只对一项内容作出部署和安排，这也正是方案、安排与规划、设想、计划、要点的根本不同之处。但二者在内容范围上也有大小之分：安排适合于上级对下级或涉及面比较大的工作，方案则适合于单位内部或涉及面较小的工作，如《××保险股份有限公司关于新晋员工的培训方案》。方案和安排还有一种较为概要的写法，叫做"意见"。方案大多称"实施意见"，如《人事部关于员工精神文明建设的实施意见》；安排往往称"安排意见"，如《××系统关于开展增收活动的安排意见》。

3.2　建议书

建议书一般是向组织或群体推荐某种解决问题的方法或某种思路。在写作沟通领域，建议书有两种类型，即竞争性的建议书和非竞争性的建议书。竞争性建议书主要是指其内容指向有限的资源，最终该稀缺资源的获得者只能是少数人或一个人的建议书。例如，很多科研项目的负责人会为争取到国家科研经费而撰写建议（申请）书，但国家规定只有一小部分的项目能争取到该经费，因此不同的建议书之间就有了竞争性。非竞争性建议书则不存在真正意义上的竞争。例如，某个公司收到了很多关于提高组织绩效方面的建议，只要合理可行,公司便可以全部接受。

一般来说,一份较完整的建议书应该着重回答以下问题:

第一,建议所要解决的问题是什么?如果你的建议目的性明确、针对性强,说明你对组织所面临的问题有所了解。

第二,问题的解决方式是什么?针对具体的问题提出你的解决思路和解决方式,如可以从人力、财力、物力等要素方面及内部和外部环境方面证明它是可行的。

第三,这种解决问题的思路和方式将会给组织带来什么样的积极效果(利益)?其中应包括直接利益和间接利益,或者短期利益与长远利益,或者经济效益与社会效益等。

第四,解决该问题所需的成本有多少?成本包括具体的现金流出及需要的无形成本。

3.3 调查报告

调查报告是为解决某些问题而对客观事物调查研究、分析实际情况、研究对策,然后向有关部门和上级领导所作的报告。调查报告有两种:一是主动报告。例如,某项工作进展如何,企业或部门发生了何事需要有关部门了解,都需要及时写出情况报告。二是被动报告。组织因工作需要,安排人员就某个方面、某个问题进行调查研究,事后提交的报告称为被动报告,其意义在于总结经验,发现、研究、解决问题。所以,调查报告要对反映的情况有所选择,要反映有意义的大事。

调查研究的常用方法有:普遍调查法、典型调查法、抽样调查法和实地调查法。

(1)调查报告的标题一般有两种写法。一种是一般文章标题式写法,如《改革定在何方?》、《××公司腾飞之路》;一种是公文标题式写法,如《××产品市场状况调查分析》;另一种是双标题,如《一手抓物质文明,一手抓精神文明——湖南几个市、县的调查》。

(2)调查报告的正文一般包括四方面内容。即前言、事实、分析和意见(建议或对策)。

①前言。前言部分要简要地说明调查目的、调查时间、调查范围以及调查对象的基本情况等。有的调查报告中还包括调查方法以及调查的整体思路等。

②事实部分。即阐述调查得来的主要内容或主要问题。这部分是调查报告的主体,是正文的核心部分。主体部分既要具体地叙述调查中的事实情况,又要在事实的叙述报告中引发认识、阐述观点,做到由事入理、叙议结合。主体部分为了突出段旨,常给各段加上小标题。主体部分的结构形式安排通常有两种方式:纵式结构,按照事物发生发展的先后顺序组织材料安排层次;横式结构,按问题的性质或事物的特点来组织材料,加上序号或小标题,分别进行阐述。具体内容的写法主要是叙述,多用事实和数字说明,做到材料和观点相统一;表达上则要灵活,提出论点并以充分的论据证明,或以调查材料归纳出论点。

③分析。分析是调查报告的研究部分,通过分析,或指出问题的性质,或找出产生问题的原因。分析可以是理论分析,也可以是案例论证,但不管如何分析,都必须基于事实和数据。分析部分应具有针对性,揭示实质,不能凭主观想象,更不能主观臆断。

④对策和建议。调查研究的主要目的在于发现问题、分析问题,最终是为了解决问题。因此,在调查分析的基础上,还必须提出解决问题的对策和建议。所提对策和建议可以是原则性的或带有方向性的,也可以是具体的、可操作的。

(3)调查报告的写作要求。在具体撰写调查报告时,应注意以下3点:

第一,要实事求是。即在调查所得的全部材料中找出能揭示事物规律的结论,绝不能先入为主地用事先拟好的结论来套用或改造事实,或者为了采用某种熟知的结构方式而对号入座地去找材料甚至迁就某些材料。

第二,要突出本质。要在众多的、由材料得出的观点中选用最能突出事物本质的观点来说明问题,并据此来选择恰当的、具有代表性的材料来作为论据。

第三,要用事实说话,做到观点和材料的统一。

3.4　说明性信函和肯定性信函

撰写说明性信函和肯定性信函的主要目的是:向读者传达某个消息,让读者阅读、理解并积极地看待该信息;淡化任何负面的内容等。

3.4.1　说明性信函

针对性地说明对方所关心的问题,提供有助于达到写作目的所需的所有信息。例如,王宁正在应聘一个工作岗位,该工作岗位要求有实习经历并出具相关证明。王宁就找到原来实习过的 A 单位,要求该公司为他出具一份证明,如图 7-4 所示。

证明信

××公司:

王宁同志曾于 2016 年 8 月至 2017 年 2 月在我单位人力资源部实习,特此证明。

此致

敬礼

A 单位(公章)

2017 年 2 月 20 日

图 7-4　说明性信函

3.4.2　肯定性信函

在图 7-5 中,某顾客在××网进行网购,收到货物后发现与网上所描述的不一致,这位顾客写了投诉信,要求退款。××网的客服人员收到信后,决定写一封回复信。

亲爱的刘女士:

您好!

感谢您在××网购物,得知您在我们网站上购买的货品的实际情况与描述并不一致,我们对于您在购物过程中带来的不便深感抱歉,真心希望我们不会因此失去您这样一位宝贵的顾客。

您所投诉的内容,我们已经安排专人进行核实。尽管我们一直在努力避免此类事情的发生,但是由于我们审核程序的偶然疏忽造成了此次事件。

您的款项我已转交相关部门办理,我们将按原支付方式给您退款,退款周期为 1~2 周,到时请注意查收。如您有任何问题,欢迎随时联系我们,××网感谢您的支持与理解,期待您的再次光临。

此致

1058 号客服代表

××网客户服务部

2017 年 2 月 1 日

图 7-5　肯定性信函

3.5 汽车维修业务接待常用工单

3.5.1 预约服务登记表（表 7-2）

表 7-2

预约服务登记表

专营店（地址）：	服务热线：

客户信息：

客户姓名：	联系电话：	车牌号码：
车　　型：	里程数：	上次进站日期：

预约信息：

预约时间	年　月　日　时　分	预约交车时间	年　月　日　时　分

客户描述：

故障初步诊断：

估计所需配件（零件号）、工时：

估计维修费用估价：

客户其他需求：

预约上门取车时间	年　月　日　时　分
预约上门交车时间	年　月　日　时　分

取车人/交车人签名：	客户或交接人签名：

备注：

服务顾问/回访员：_____　　　年　月　日

3.5.2 派工单

派工单的规范填写要求如下所示：

1）目的和要求

（1）目的：协助鉴定员顺利完成申报索赔工作，减少因不规范填写造成的损失；避免因不规范填写影响对用户的服务；

（2）要求：无论 4S 店是否装有 DMS 系统，都应规范填写派工单。用规范用语详细、准确地描述故障现象，不得使用禁用词语，比如更换、工作不良、不工作、不运行、失灵/失效、故障/电子故障等。

2) 派工单的填写规范(表7-3)

派工单的填写规范　　　　　　　　　　　　　表7-3

错误描述	正确描述	错误描述	正确描述
故障灯亮	发动机诊断故障灯亮	安全带不工作	安全带有时发卡
组合仪表失灵	燃油表错误显示	离合器压盘故障	在挂挡时,离合的位置发卡+离合器压盘异响
显示故障	多功能显示屏有时变黑屏	……	……
刮水器不工作	天冷时,刮水器工作到一半时停止		

3.5.3 接车问诊表(表7-4)

接车问诊表　　　　　　　　　　　　　　　表7-4

车辆信息				
车型:	车牌号:	颜色:		行驶里程:
个人物品:				油量表　(E+++F)
损伤/故障部位标志				损伤/故障部位描述

| 客户签字: | | | | 服务顾问签字: |

故障问诊·诊断报告

发生时间	□突然 □( )天前 □( )月前 □其他( )
发生频率	□经常 □只有一次 □有时 □每( )日一次 □每( )月一次 □其他( )
工作状态	□冷机时 □热机时 □启动时 □挡位( ) □空调(开/关) □其他( )
道路状态	□一般道路 □高速道路 □水泥路面 □沥青路面 □砂石路面 □其他( )
路面状态	□平坦 □上坡 □下坡 □急弯道 □缓弯道 □海拔高度( )米 □其他( )
行驶状态	□速度( ) □急加速时 □缓加速时 □急减速时 □缓减速时 □其他( )

续上表

故障现象描述	故障原因分析	故障处理方法
客户签字：	技师签字：	服务顾问签字：

接车问诊表的使用说明：

(1) 接车过程中填写车辆及用户信息。

(2) 详细记录用户的故障陈述及要求，并引导用户讲述故障发生时的相关状况并作记录。

(3) 前台无法立即诊断车辆故障时，填写需车间检测的内容，由车间帮助诊断。

(4) 车间根据用户陈述及检测建议进行诊断，将问题原因及故障零部件填写此处。

(5) 接车时，对外观进行确认，并作相应记录或作文字说明。

(6) 接车员在接车时确认车辆各功能状况，在此处如实记录确认结果。

(7) 接车时，检查车内物品，提醒用户保管贵重物品及旧件处理情况，在此处如实记录。

(8) 对于需先进行的故障诊断，如果有检测费用，则在此处写明，并请用户确认。

(9) 诊断后，将问诊表上信息向用户作说明，请客户签名确认。

(10) 接车问诊表一般有两份，一份由车主保管，一份由企业保管。

3.5.4 回访记录单

跟踪回访是维修服务流程中的最后一道环节，属于与客户的接触沟通和交流环节，一般通过电话访问的方式进行。在一些较大的维修企业由专职的信息回访员来做这项工作，在较小的维修企业可由服务顾问兼职来做。

回访人员应做好回访记录，并将其作为质量分析和客户满意度分析的依据，电话回访记录表，见表7-5。回访中如果发现客户有强烈抱怨和不满，应耐心地向客户解释说明原因并及时向服务经理汇报，在1天内调查清楚情况，给客户一个合理的答复，以平息客户抱怨，使客户满意。在回访过程中对此类事件切不可漠然处之。

电话回访记录表　　　　　表7-5

客户资料	电话询问结果	处理结果
序号： 单号： 车主： 联系电话： 车型： 车牌：	满意度 维修质量 服务态度 价格 客户要求(抱怨、批评、建议、表扬)	回电话 返修 由谁完成

3.5.5 客户抱怨/投诉及返修记录表

如果客户抱怨或有意见，不要找借口，只要对客户解释说："我已记下您的话。"如果客户愿意,要保证有相关的同事再打电话给他。回访员应首先将客户的所有重要评论记录在便条纸上,电话结束后,将一些要点总结出来,并清晰地写在"电话记录表"中。表7-6 为客户抱怨/投诉及返修记录表。

客户抱怨/投诉及返修记录表　　　　　　　　　表7-6

客户抱怨/投诉及返修记录表	
抱怨/返修日期: _____	客户姓名: _____
车牌: _____	联系电话: _____
车型: _____	工单号: _____
日期: _____	服务顾问: _____
施工班组/人: _____	
抱怨/投诉形式: □现场 □书面 □电话 □电话回访报告 □其他: _____	
抱怨/投诉原因: □车辆出现故障 □返修 □不遵守交车时间 □其他: _____	
抱怨/投诉内容:	
缺点/错误的纠正:	记录人: _____ 日期: _____ 签名: _____ 日期: _____
质量控制: □初检人员: _____ □经检人员: _____ □与客户一起路试人员: _____ 长期质量保证的措施:	日期时间: _____ 日期时间: _____ 日期时间: _____
由服务顾问/主管/站长进行电话回访	
日期: _____	回访人员: _____
客户: □满意 □不满意	
站长审批意见:	

4. 书面沟通的多样化——电子沟通

传统的书面沟通是组织中最重要的一种沟通方式,同时也伴随着大量的文书工作。随着组织所面临的信息量的不断加大(由国内延伸至国外),现今的文书工作既包括外部信息处理,也包括内部信息处理,这预示着文书工作的日益繁重,管理这些文书也会更加困难。从管理角度来说,这是一种成本支出。因此,书面沟通必然会在某种意义上进行延伸,进而迫切需要采用现代科学技术,以适应组织现代化的管理要求,提升组织的管理沟通效率。

20世纪初,电话的出现大大减少了面对面的沟通。20世纪60年代末,复印机的使用为复写纸敲响了丧钟,并使文件的复印变得方便而快捷。从20世纪80年代以来,人们感受到了新兴电子技术的强大攻势,它极大地变革了组织中的沟通方式,这些技术手段包括:图文传真机、录像会议、电子邮件、便携式移动电话、语音信箱及手掌型个人通信装置。

近20年来,科学技术上的突飞猛进为组织中的沟通带来的影响之巨大,是过去任何时候都无法相比的。图7-6为高效的电子沟通在实际中的应用。

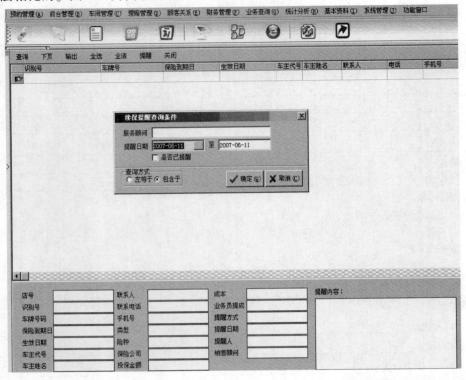

图7-6　高效的电子沟通在实际中的应用

4.1　沟通方式的选择

4.1.1　影响沟通方式有效性的因素

在今天的沟通方式中,选择正确媒介才是最重要的。据《华尔街日报》报道,美国每个员工平均每天会收到200条以上的信息,信息来源及分布如下:

电话:51;电子邮件:36;语音信箱:22;普通邮件:19;办公室文件:19;传真:14;电话留言条:9;手机:4;隔夜快递:4;快递:3。

以上情况向人们传递了一种信号:沟通方式日益多样化,组织沟通也是如此。所有的沟通方式都有其重要性,但是沟通方式是否最有效,主要取决于两个因素:信息丰富性和情景复杂性。

1)信息丰富性

信息丰富性可能被定义为——数据的潜在信息负载能力。一般来说,如果一种媒介传达了大量信息,它的丰富性就是高的;如果它几乎没有传达什么信息,它的丰富性就是低的。

信息的丰富性可以通过四种因素来衡量:

(1)反馈。它可以是及时的,也可以很慢。

(2)信息传递渠道。它可以通过视觉和听觉同时进行,也可以仅限于视觉通道。
(3)沟通类型。它可以是人际的,也可以是非人际的。
(4)使用的语言来源。它可以是身体语言,也可以是自然语言或数字语言。
2)情境复杂性

低复杂性情境是常规的且是可预测的,能够使用规则和标准操作程序加以处理,例如,以公文形式提醒所有销售人员他们的开支报告要在当月 15 日之前上交。而高复杂性则是恰恰相反的情景,例如,某公司决定是否削减一些部门。

4.1.2 电子沟通案例——巴克曼的电子沟通技巧

巴克曼实验室是一个跨越 80 个国家,拥有两亿七千万美元资产的化学公司,是特殊化工产品市场的领先者。其知识共享系统的核心是被称作 K'Netix 的在线沟通论坛,它分为 54 个讨论组,集中于巴克曼的主要产品——化学造纸、皮革制造和水处理。一个销售员可能为了某个特殊的客户而在全世界的同行中进行内部调查,就如何解决客户的问题发表或征集意见。基本上,员工每天张贴 50~100 条信息。这将帮助公司收集信息,并形成一个简单的搜索内部专家意见和过去习得经验的数据库。现在已包括 15000 多个文件——员工可以通过网络浏览器阅读全部内容。

巴克曼实验室的员工中,大约半数从事销售工作,没有哪位推销员愿意把时间浪费在冗余的工作流程当中,流程越简练,越容易在实践中得到采纳。不论是客户还是自己的推销员,大家都接受这样的观点。很偶然地,他们意识到,只要满足了商务需要,即便是最简练的操作流程也会为企业带来巨大的回报,并非只有貌似功能齐全的复杂办事程序才会带来这样的回报。

4.2 编辑即时短信

即时通信(IM)是指能够即时发送和接收互联网消息等的业务。自 1998 年以来,通信的功能日益丰富,逐渐集成了电子邮件、博客、微博、音乐、微信、游戏和搜索等多种功能。即时通信不再是一个单纯的聊天工具,它已经发展成集交流、资讯、娱乐、搜索、电子商务、办公协作和企业客户服务等为一体的综合化信息平台。

这里重点谈谈如何编辑即时短信。有经验的销售人员都知道,给客户发短信是一个比较难把握的事情。前些年短信息并没有现在这么海量的时候,给客户发短信是件很有创意,也能让客户被重视感上升的一种方法。但在时下这个短信息爆炸、垃圾信息成堆的时代,很多销售信息被认为是垃圾信息。那么,怎样给客户发短信比较合适?怎样的短信才不会被客户反感呢?一是称呼一定要准确,二是节日问候与促销相结合,三是短信语言的吸引力,四是落款签名要简短,五是促销性短信勿频繁。

4.2.1 售后提醒短信

1)购后致谢

在车主购车后立即发送的感谢信息。主要是感谢车主的信任支持,以及告知售后服务客户号码。

尊敬的车主:非常感谢您在本店购车,我们非常荣幸有机会为您服务,××店的服务热线为××××××××,欢迎您在需要的时候联系我们。【××店】

2）车辆维护提醒

这是一项温馨提示功能，无论是对新车车主还是老车主，都非常有必要进行温馨的提醒。

尊敬的车主：您的爱车下一次维护为××公里，为确保您的出行顺畅，减少维修，请您届时到本店进行维护。【××店】

3）车险续保提醒

主要是提醒车主进行相关车辆的保险续费。

尊敬的车主：您爱车的保险将于×月×日到期，请您届时带齐驾驶证、保险卡等资料到××店做好续保手续。【××店】

4）首次购车的维护提醒

尊敬的车主：非常感谢您在×××选购××汽车，××店特此提醒您在购车3个月或5000公里时来本店做免费维护，祝您行车平安！电话×××【××店】

5）车辆维护小知识

尊敬的车主：夏天到了，××店特为您准备了爱车维护小知识：夏天气温高，轮胎温度随着增高，橡胶易软化，严重时会出现烧胎现象。在行车中要随时检查轮胎气压，发现轮胎过热，气压过高，应将车停在阴凉处降温，不可用冷水泼冲，也不要放气，否则会导致途中爆胎和轮胎的早期损坏。【××店】

尊敬的车主：冬天到了，××店特为您准备了爱车维护小知识：冬天开车时，不一定非要原地热车，让车缓慢行走热车才行，不要猛踩加速踏板。因为冬天机油黏稠度加大，循环很慢，热车能保证车辆的机油、防冻液运转到位，减轻对车辆的磨损。【××店】

尊敬的车主：省油第×招！养成暖车的习惯，冬天出门前先热车一到三分钟，这样可以达到省油效果，对车子发动机也有好处。但是不要超过三分钟，热身过度也同样费油。【××店】

4.2.2 节假日、生日祝福短信

1）车主的生日

尊敬的车主：今天是您的生日，我们特意为您送上一份温馨的祝福！祝您生日快乐！【××店】

2）车主生日当天有优惠

尊敬的车主：今天是您的生日，祝您生日快乐！生日当天在××店可享××折优惠！【××店】

3）节假日的祝福短信还有一些温馨问候

尊敬的车主：祝您×××节快乐，为保证您×××节期间的出行安全，请您于节前到本店进行一次例行检测。【××店】

4）客户的一些特殊节日，例如结婚纪念日祝福短信

尊敬的张先生，您好，在您的结婚××周年纪念日到来之际，我们祝您和您的妻子永远幸福快乐。客服电话：×××××××【××店】

4.2.3 优惠促销短信

1）维修促销活动

给非新车主发一些维修促销活动信息。

尊敬的车主：××店将于×月×日举办车辆免费检测活动，同时维修配件及工时费9折，期待您的光临。【××店】

2）免费维护并赠品

尊敬的车主：××××汽车××月××日至××月××日举办免费检查空调、油液、电气等21项检测活动。欢迎参加！来店有礼品赠送。详询：××××【××店】

3）假日免费检测

尊敬的车主：国庆黄金周将至，为呵护您的爱车，×××店××月××日至××月××日特举办爱车免费检测活动。详询：××××【××店】

4.3 客户关系管理的内容

从《××汽车服务营销教学软件》中可体现利用信息技术手段建立全新的过程型组织结构，统一客户联系渠道，提高响应速度，实现成本、质量、服务和速度等方面的改善。该模块具有强大的客户关系管理功能，软件里不仅仅提供了对车辆档案、客户档案、供应商档案和会员档案的详细记录，而且还增加了对新增客户、流失客户、新增车辆进厂率和流失率的分析功能。另外，还增加了全方位提醒功能。在会员管理方面，该软件更是专业、清晰。对在册车辆档案管理中提供了年审提醒、新车维护提醒、定期维护提醒、维修追踪、大修追踪、生日提醒祝贺、驾驶证年审提醒、会员卡到期提醒、三包提醒以及保险到期提醒等全方位提醒功能。客户关系管理实施内容见表7-7。

客户关系管理实施内容 表7-7

项　　目	具体实施内容
1. 客户档案的管理	客户档案管理，是汽车维修的基础管理工作，也是企业生产、技术管理的基础工作。 ①客户进厂后，业务接待人员当日要为其建立业务档案(包括客户信息、车辆信息、车辆维修历史等)； ②客户档案由业务部门负责收集、整理和保管。保持整齐、完整，便于查询
2. 会员管理	制订一套完善的会员制度是留住老客户的常用办法之一，也是客户关系管理的一种有效手段： ①会员折扣，就是为客户建立会员档案，然后为会员客户提供比普通客户优惠的消费折扣； ②会员积分制度则是让会员通过消费积累积分，享受长远的优惠待遇。其方法是，为会员建立消费积分制度，当积分累计到一定程度的时候，可把积分用于交换礼品，或者获得某种折扣优惠
3. 跟踪回访管理	维修跟踪包括跟踪记录、投诉记录、客户维修满意度统计和投诉处理满意度统计： ①跟踪记录是修理厂在客户维修结束后的一周内，主动联系客户，询问客户的评价、意见与建议。同时，对客户提出的问题进行解决，反馈给客户并记录处理结果； ②投诉处理满意度统计，是指在某时间段内，对客户投诉处理过程中的反馈结果进行打分，然后根据分数值进行的统计
4. 短信群发管理	手机短信群发是近年来客户关系管理的常用手段，也是CRM采用计算机管理系统的重要功能： ①如果管理软件系统能够自动预测出车辆的下次维护时间，可以用短信通知客户来店维护，为车主带来温馨的服务提醒的同时也为管理者带来利润； ②节日祝福：逢年过节、客户生日、购车的周年日等，在这些特殊的日子，也可以通过短信给客户祝福，增进客户的感情

续上表

项　　目	具体实施内容
5. 紧急救援管理	企业实行良好的紧急救援要具有以下条件： ①成立紧急救援小组，建立24小时值班制度； ②设立救援电话，并让客户知道救援电话； ③设立紧急救援车辆
6. 微博、微信管理	微博、微信管理是内容更新、人群聚集、话题发起、客户管理最方便快捷的一种方式： ①负责策划并制订微博、微信线上活动方案以及微博、微信原创内容的策划与编辑工作； ②负责微博、微信公众账号推广模式与渠道的探索，了解客户需求，收集客户反馈，分析客户行为及需求； ③制订社会化媒体运营与品牌营销策略，在微博、微信和豆瓣等社会化媒体开展品牌营销工作

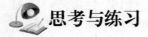

思考与练习

一、讨论题

1. 书面沟通有什么优点和缺点？
2. 影响写作质量和效率的因素有哪些？
3. 提高写作质量应该注意掌握哪些写作技巧？
4. 简述调查报告的主要格式和内容。

二、情景模拟

1. 情景模拟1

如果你是一名保险员，接到受损车辆后，请依据下面3种情况填写规范的接车问诊表。

(1)据当事人刘先生称：2016年8月12日上午10点，其驾驶荣威550车由南向北行驶时，因未保持安全距离，制动不及时，与同向行驶的君威车发生碰撞。之后，君威车前冲，与停放中的悦动车发生碰撞。碰撞点：荣威550车前部；君威车尾部、右前侧；悦动车左后部。

事故造成损伤如下：

荣威550车：前保险杠、前风窗玻璃、右前照灯受损，隐损(表面看不到，需到修理厂核实的损伤)以到厂(人保为定损中心定损)为准。

君威车：后保险杠、行李舱盖、左后尾灯受损。其他无损。

悦动车：左后翼子板变形受损。其他无损。

其他人员受伤情况：荣威550车副驾驶席一名乘客头部受伤，已在××医院治疗，其电话:139×××××××。

(2)坪龙公路标的追尾第三方宝马车(鄂A/81×××)，标的车头损伤，爆2个气囊，第三方车尾受损，无人伤亡。

(3)松园路国税局门口标的车(粤B/GV×××)倒车撞到直行的第三方现代车(粤B/1Y×××)标的车，车尾损伤，第三方车右侧损伤。

2. 情景模拟2

据当事人××称，其于2016年11月20日驾驶标的A车由东向西行驶时，因车速太快转向不及时，致使A车右前部与树发生碰撞。

事故造成损伤如下：

A车：右前照灯破裂，前保险杠右侧凹陷、刮花。其他无损。

其他财物损失情况：一棵白杨树树皮脱落。具体损失以物损定损保价为准。

请你根据以上所述，以售后服务人员身份拟一份接车问诊表。

拓展学习

1.《××汽车服务营销教学软件》具体功能介绍

1）填写客户档案

（1）功能介绍。当进厂维修的车辆非本店销售时，就需要在DMS系统中手工输入该车辆和车主的基本资料，在进行维修时，汽车服务顾问可提取该车辆信息进行维修服务。

（2）操作对象。汽车服务顾问、信息员或相关有此操作权限人员。

（3）使用该功能的时间与条件。当进厂维修的车辆非本店销售时，需要使用该功能。

（4）操作步骤。

① 增加客户档案。

a. 进入【客户关系】—【客户档案】。

b. 点击工具栏的【增加】，如图7-7为客户档案界面。

图7-7　客户档案界面

c. 在【客户车辆信息】选项卡中输入车辆和车主的信息，如车辆的VIN码、车牌号、车型代码，车主的姓名以及联系电话等，图7-8为客户档案界面。

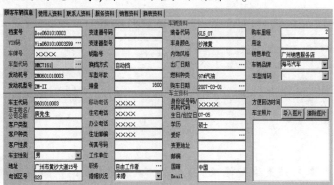

图7-8　客户档案界面

d. 如果还有其他信息需要输入，如【使用人资料】，则在【使用人资料】选项卡中点击底部工具栏的【新增】，图7-9为客户档案界面。

图7-9 客户档案界面

e. 输入使用人的资料，点击工具栏的【保存】，图7-10为客户档案界面。

图7-10 客户档案界面

f. 客户档案定义的操作完成。

② 查询客户档案。

a. 进入【客户关系】—【客户档案】。

b. 点击工具栏的【查询】，图7-11为客户档案查询界面。

c. 在查询窗口中，根据查询条件输入相应信息，点击【确定】可查出特定的客户信息，图7-12、图7-13为客户档案查询界面。

图7-11 客户档案查询界面　　　　图7-12 客户档案查询界面

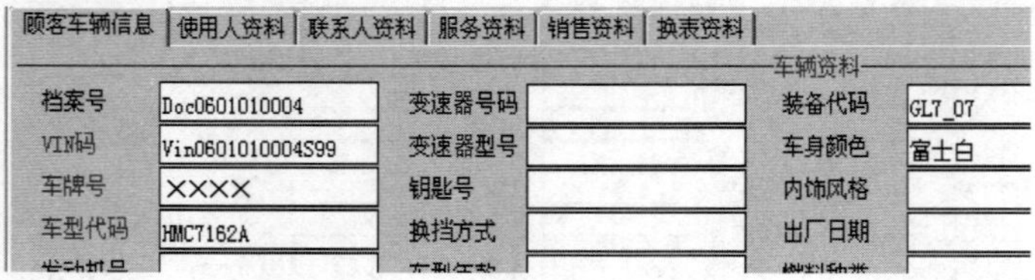

图7-13 客户档案查询界面

(5) 其他说明。

① 若需要对现有客户档案进行修改，可点击工具栏的【查询】，根据查询条件输入相应信息，查出后，点击工具栏的【修改】，修改完成后，再点击工具栏的【保存】，将修改后的客户档案保存到DMS系统之中。

② 【服务资料】中的信息由车辆出厂后产生，一般情况先不需要输入。

③【销售资料】中的信息不能输入或修改,由销售时产生。

如果车辆有进厂维修记录,可点击工具栏的【维修历史】进行查看,图7-14、图7-15为车辆维修历史查询界面。

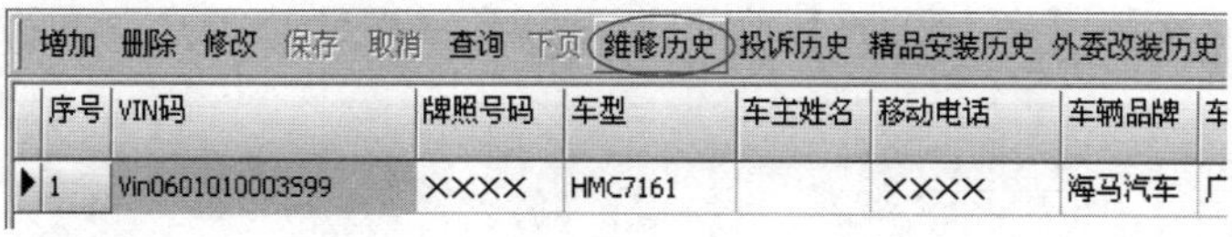

图7-14 车辆维修历史查询界面

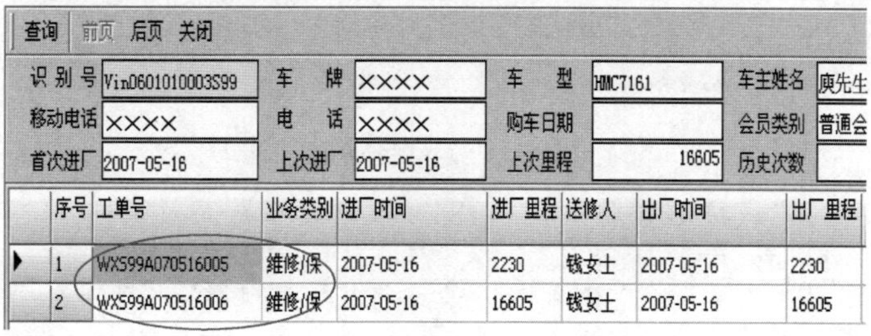

图7-15 车辆维修历史查询界面

2)售后回访任务

(1)功能介绍。售后回访任务功能可方便了解当天需要做的各种回访工作任务,如维修回访任务、续保提醒任务、维护提醒任务等。该模块只能起到查询作用,不能进行操作编辑。

(2)操作对象。客户管理员或相关有此操作权限人员。

(3)使用该功能的时间与条件。需要了解当天的回访任务时可使用该功能。

(4)操作步骤。

①进入【客户管理】—【售后回访】,图7-16为维修跟踪回访界面。

图7-16 维修跟踪回访界面

②如果相关子栏是当天有回访任务的,则会自动体现出来;如果没有任务,则任务内容为空。

③如果确定要对某一条显示记录进行操作,那么可直接双击该条记录即可跳转到相关模块进行详细跟进处理。

3)维护提醒

(1)功能介绍。在客户车辆到维护日的前七天对该客户进行提醒。

(2)操作对象。客户管理员或相关有此操作权限人员。

(3)使用该功能的时间与条件。对需做维护提醒的客户进行提醒业务操作设置后可使用该功能。

(4)操作步骤。

①进入【客户管理】—【维护提醒】,找出相关需要做提醒的客户信息,图7-17为维护提醒界面。

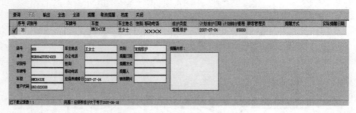

图7-17 维护提醒界面

②点击提醒按钮,完成提醒操作。图7-18为维护提醒界面效果。

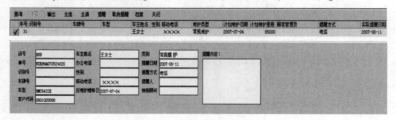

图7-18 维护提醒界面

2. 简历

1)简历的概念

简历是对自己的生活经历(包括学历、工作经历)等,有重点地加以概括叙述的一种常用写作文体。

2)简历的特点

简历的内容有很强的目的性。如果是求职,重点应放在个人在学历、专业特长、能力业绩上;如果是晋升职称,重点应放在个人任现职以来所取得的科研成果、工作实绩上,突出个人贡献、展示取得的成果,写出特色。

3)简历的写法

简历的结构由标题、正文和落款三部分构成。

(1)标题。简历多用"简历"、"个人简历"作标题。

(2)正文。正文有一段式和多段式两种结构方法。

①一段式。从姓名、性别、诞生地、籍贯、出生年月、民族、团体党派写起,按时间顺序叙述主要学习、工作经历,主要成绩、贡献。

②多段式。适用于经历较丰富,年岁较大的人。写法是:先总述主要经历,再分段叙述各阶段或各方面主要经历。

写简历的要求是:不夸大不缩小,概括集中,语言朴素,真实可信。

③落款。在右下方署明写简历人姓名,并在下面注明日期。

4）简历的实例
【实例一】

简　　历

张××，女，×族，大学本科学历。19××年××月××日生于云南××市。19××年×月高中毕业，×月在××大学××学院外贸专业读书，学制4年。19××年毕业分配到云南省××贸易厅××进出口公司工作至今。19××年通过外销员资格考试，20××年通过全国国际商务师资格考试，成绩优良，工作成绩突出，多次受到单位表彰。

20××年×月×日

【实例二】

简　　历

我19××年出生于××省××市一位工人的家庭，19××年毕业于××小学，19××年毕业于××中学，19××年毕业于××大学中文系。现在省高教局工作，任科研成果处处长。

我在中学时期，任校宣传委员，工作出色，曾被市教委通报表扬，并光荣地加入了共青团组织。入大学后，历任班长、宣传委员、学生会主席，正式发表过散文4篇，论文5篇。

工作后，曾在××中学执教两年，对教材的研究多有见地，曾发表过3篇论文。19××年调到高教局科研成果处工作，19××年被提升为科研成果处处长，成绩突出，经济效益显著，在省级刊物上发表过6篇论文。

王××
200×年×月×日

3．求职信

1）求职信的概念

求职信是无业、待业或停薪留职者写给用人单位的信。这种信以让对方了解自己、相信自己、录用自己为目的，其不同于亲友往来的信，也不是平级国家机关之间商洽公事的函，它是一种私对公并有求于公的信函。

2）求职信的实例

【实例】

求　职　信

××大学人事处负责同志：

我叫方××，女，今年30岁。1995年毕业于××大学新闻学专业，同年赴美国攻读西方文化史，1997年获硕士学位，其间翻译出版了《西方文化史话》、《西方新闻学》。自1997年至今在美国加州×××公司企划部工作。

虽然我现在从事的工作有比较优厚的工资待遇，但我一向热衷于东西方的新闻文化史研究，很想在祖国的大学里传播自己多年所学心得，并进一步深入研究东西方新闻文化史。

看了贵校刊登在《××日报》上的高薪招聘启事,我认为我的专长符合贵校的要求,我也比较赞赏贵校创业精神和用人之道,为此我不揣冒昧,向贵校提交我的求职信,贵校如有意,望及时与我联系。

  Email 地址:××××××

  此致

敬礼!

求职者:×××

××年×月×日

4. 汽车维修业务接待考核工单(表7-8)

考核工单　　　　　　　　　　　　　　　　　　　　　　　　　　表7-8

任务编号		任务名称:接待进行定期维护的客户		成绩	
				学时	15分钟
姓　名		学　号		班级		组　别	
能力目标	1. 能够运用基本礼仪规范迅速接待客户; 2. 能够运用预诊断沟通技巧进行问诊; 3. 能够进行环车检查,并且正确填写《车辆内外观检查报告》; 4. 能够操作维修系统软件制作估价单、派工单
设备、工具准备	液压举升机、诊断测试设备、电脑、车辆保护三件套、维修单据
任务要求	模拟情景:客户到达4S店,要求对其威驰汽车做40000km定期维护。他没有预约,只是按照维护条例做定期维护。其轿车目前行驶里程为39800km。维护过程中发现右前减振器漏油,需要追加时间与费用; 任务:模拟业务接待员接待需要维护的车辆并进行问诊、估价与派工

学习单元 8　　团队与沟通

学习目标

1. 描述团队沟通的定义和特点；
2. 简述团队的发展阶段；
3. 明确维修业务接待中团队合作在应对客户投诉上的意义；
4. 掌握打造汽车维修和营销服务团队的技巧；
5. 根据小组评价、讨论，共识决策方式的应用。

学习时间

8 学时。

1. 团队沟通的定义和特点

团队的一切活动都与沟通过程相互作用。任何事物的产生都有它的发展过程，团队之所以成为当今最受关注的组织形式，一是源于霍桑实验的研究结果，二是源于欧洲学者对于自治性群体的实验结论。欧洲学者的研究涉及一个十分著名的矿工实验，它证明了沟通对于优化社会系统和技术系统的作用，以下就是这个著名的矿工实验：

在矿场上，矿工们一起工作，互相帮助并且经常调换工作。据观察：一旦矿工们对他们自己的工作拥有了更多的自主权，他们就会表现出更高的生产效率和工作满意度。学者们的研究同时证明：员工参与管理的程度越高，他们对市场变化的反应就越敏感。而这种对外界变化快速反应的能力是大型组织很难具备的。

下面通过一个童话故事来看待团队合作：

几只爱吃萝卜的小兔在草原上开垦了一块土地，种了好多萝卜。到了收获的季节，他们的朋友小羊和小牛用他们尖尖的角帮小兔们把萝卜从地里刨了出来，然后小羊和小牛就忙自己的事情去了。几只小兔看着那一大堆红红的萝卜，心里乐开了花。眼看就要下雨了，几只小兔决定自己把萝卜收回驻地。

小兔甲试了试，自己一次可以抱两只萝卜，于是便每次抱着两只萝卜往返于萝卜地与驻地之间。虽然有点吃力，但他还是越干越起劲。小兔乙找来一根绳子，把五个萝卜捆在一起，然后背着向驻地走去。虽然背了五个萝卜，可它的速度一点也不比小兔甲慢。小兔丙找来一根扁担，用绳子把萝卜捆好，前面五个、后面五个，走起来比小兔甲和小兔乙都快。小兔丁和小兔戊找来一只筐,装了满满一筐萝卜,足有三四十只,然后两人抬着筐向驻地走去。同样都在努力工作,可五只小兔的工作效率和工作成果却有显著的差别。

因为工作方式的不同,有人虽然看起来忙忙碌碌,工作却难见成效;有人虽然看似悠闲,却是成绩显著。好的工作方法可以有效提高工作效率,而团队的合作效率明显高于相同个体劳动成果之和。因此,在对员工进行绩效评估的时候切不可以用忙闲论英雄。同样的旅游团,干练的导游可以建立一个团队,无能的导游可能导致大家愤愤不平。例如,到某个景点,有些人想多照相、多看看;有些人觉得无聊,想快点走,这是愿望与目标不同。上车时间已到,某些人还姗姗来迟,引起其他人不满,导游不及时处理,便会破坏和谐的关系。至于上车以后的位置安排,如果没有合理的轮换,那么会导致有些人老是坐较差的位置。到最后,干脆谁先上车,便占好位置,而前个人又抱怨这是他的位置,这就是因为缺乏共同的规范与方法导致的矛盾现象。所以团队建设不仅用于正式的工作场所,在日常生活中,如果能善用团队建设,也能解决问题与纷争,促进合作,增进效率与达成共同的目标。

随着学习型、知识型组织理念和实践的兴起,各种以任务或项目为中心的团队应运而生,而且这种团队工作方式已经成为企业和其他组织赖以生存和发展的一种必要手段。然而,团队的出现对管理者提出了更高的要求,他们需要摒弃原有的管理风格,去适应新的管理模式。团队管理者的能力决定了团队工作的有效性。换句话说,在汽车维修业务接待中,团队的管理者必须重视、理解、创造一种良好的团队沟通氛围。因此,管理者必须扮演好自己的角色,其中的沟通技巧是至关重要的。图8-1 为维修业务接待中的团队。

图8-1 维修业务接待中的团队

1.1 团队沟通的定义

团队沟通是指两名或两名以上的、能够共同承担领导职能的成员,为了完成预先设定的共同目标,在特定的环境中所进行的相互交流、相互促进过程。

团队方式已在组织中被频繁运用。实践证明,团队是一种有效的组织形式,传统的组织模式效率低下,而且对快速变化的市场缺乏敏感性。而以团队为单位的运作形式十分精干、灵活机动、适应能力强、反应及应变能力强,特别是员工参与度高的管理或自主式管理的团队已经开始取代传统的层级组织。

1.2 团队的特点

唐僧师徒四人就是一个团队。团队的最高领导是唐僧;总经理是孙悟空;猪八戒是人力资源总监;沙和尚是办公室主任、行政总管,负责后勤保障工作。孙悟空作为总经理类似营销总监,主要的工作是开拓市场。猪八戒则协调人际关系,当唐僧和孙悟空闹矛盾的时候,猪八戒就负责调解,他会对孙悟空说:"猴哥,师父很想你啊。"转而又对唐僧说:"师父,猴哥很想你啊!"这就是调解,做人事工作。而他们这个团队的共同愿景就是西天取经。尽管他们有个性差异,角色不同,但要相互合作共同完成任务。这就是一个优秀的团队。

要成为团队必须要有以下3个条件:

(1) 具有共同的愿望与目标。

(2) 和谐、相互依赖的关系。

(3) 具有共同的规范与方法。

这里有三个集体,请大家考虑一下哪个是群体,哪个是团体,哪个是团队。

第一,公交车上的50名乘客。

第二,旅游团大巴车上的50名旅客。

第三,开往伊拉克的美国战车上的50名特种兵。

公交车上的50名乘客是群体,因为他们互不相识,各有各的目的地。旅游团大巴车上的50名旅客是团体,他们有共同的目标,去同一个旅游景点,而且一切听从领导(即导游)的指挥。美国战车上的50名特种兵是一个团队,首先,他们有共同的目标——去伊拉克;其次,他们有角色分工,有人负责通信、有人负责后勤、有人负责突击、还有人负责侦察等;最后,他们相互协作,共同完成任务,这就是团队。

1.3 团队合作的误区

团队合作有一个绕口令:

有四个人分别名叫每个人,某些人,任何人和没有人。

有一项很重要的工作要完成,每个人都被要求去做这些工作,每个人都相信某些人会去做,任何人都有可能去做,但是却没有人去做。

某些人对此感到生气,因为那是每个人的工作。

每个人都以为任何人都能做那个工作,然而却没有人领悟到每个人都不会去做,最后,当没有人做那件每个人都该做的事时,每个人都责怪某些人。

这个绕口令说的就是一个和尚挑水吃,两个和尚抬水吃,三个和尚等水吃的故事。这是团队合作的误区,在汽车售后服务中,最怕出现这种局面。

1.4 高效团队

1.4.1 四种现象

在介绍建设高效团队之前,我们先关注以下四种现象:

现象一:美国男子职业篮球联赛每个赛季结束后,都有一场明星队和冠军队表演的对抗赛。虽然明星队汇集了各个球队最优秀的球员,但每次比赛都是冠军队获胜。

现象二:6个智商为120的聪明人组成的团队,其团队的智商只有62。

现象三:能拉动85千克的6个人一起拉重物,最多能拉动383千克而不是510千克。

现象四:门内外有两个大力士,却搬不走一个箱子。

1.4.2 四种现象的成因

其实,这四种现象都与团队有关。

在现象一中,打篮球讲究团队合作,明星队的队员虽然个个都是球星,个人技术都很好,但队员之间缺乏相互合作的训练,进攻、防守没有配合默契;冠军队队员在战场上亲密无间,配合默契,因此能取得胜利。

在现象二中,由高智商的人组成的团队智商反而降低,是因为队员各自为政,缺乏团队合作。

在现象三里,尽管每个人都使出最大的力气,但由于没有调整步伐,没有整齐划一,因此没有形成最大的合力。

在现象四中,两个大力士一个往外搬,一个往里搬,所有的力量都成了内耗,自然搬不走一个箱子。

1.4.3 三种团队

现实生活中常常见到三种团队:

(1)成员各自朝交错的目标努力。6个聪明人组成的团队智商反而降低就属于此种类型的团队,成员各自为政,朝着交错的目标努力,所形成的合力自然就会降低。

(2)成员个体卓越,但是互不配合。美国男子职业篮球联赛里的明星队就属于这种团队,虽然每个成员都是最优秀的球员,但缺乏互补配合,所以不能赢得比赛。

(3)成员朝共同的目标努力。如果所有的成员都朝着共同的目标努力就可以形成最大的合力。这种类型的团队最有战斗力。

1.4.4 高效团队的特征

1)规模较小

各种有效的团队,其成员大都少于10人。

2)自己塑造目标

组织中一般工作群体的目标与更广泛的组织使命相符,而多数成功的团队中的个体通常对较高管理层提出的某些需要或机会作出反应,自己塑造其目标。团队努力探索、塑造和承诺一个既属于集体又属于个人的目标,并且把共同目标——更广泛、更崇高的抱负,具体为绩效目标,如把客户的拒绝率降低为30%,把产品的合格率从90%提高到98%。当团队目标和绩效目标以及团队承诺结合起来时,目标便成为一台有力的绩效发动机。

3)共同责任

工作群体管理的焦点始终落在个人的目标和责任上,群体成员不必为自己行为以外的结果负责。团队则不同,它既要求个人的责任也要求共同的责任。

4)互补性的技能结合

对群体成员的技能要求源于每个成员的工作,他们的技能更多的是个人化的,而团队必须建立正确的互补性技能结合。一个团队更可能看重具有不同技能的人的价值,这样能够给团队带来不同的视角,使团队中的个体发挥不同的专长并起到不同的作用。卡特森伯奇和史密斯通过研究强调,确保一个团队完成特殊任务,其必须具备三方面的技能:

(1)技术性或职能性专业知识在内的一系列技能。

(2)解决问题和作出决策的能力。

(3) 处理人际关系的能力。

显然，一个团队在没有最基本的技能互补，尤其是没有技术技能和沟通技能互补的情况下是不能发挥出应有作用的。

5) 绩效结果

团队的绩效包括个体的结果和集体的工作产品。集体工作产品是多个成员一道生产出来的东西，如访谈、调查或实验。不管它是什么，集体产品都是团队成员共同的和现实的贡献。

2. 团队的发展阶段

团队的形成和发展大致分为四个阶段：初创阶段、初见成效阶段、持续发展阶段和成熟阶段。

2.1 初创阶段

这一时期的团队沟通表现为谨慎相处型。由于团队刚形成，缺乏稳定性，这样的团队尚未确立统一的愿景，缺乏运作规范，领导职责不明确。从本质上讲，新形成的团队缺少组织文化，所以成员缺乏对团队的认同。

这个阶段的团队成员有的表现出谨小慎微；有的表现出很强的个人主义意识或对其他组织的忠诚。这个阶段团队的工作效率很低，因为成员之间需要时间相互适应。

2.2 初见成效阶段

这一时期的团队沟通表现为相互竞争型。一旦确立了统一愿景，团队便开始完成组织所授予的任务。在这一阶段，尽管团队成员提出了有关团队使命、目标、运作规范及领导者等问题，但团队本身仍旧只是名义上的，因为尚未形成团队文化，其成员还是没有明确的团队意识，但是这一阶段相对于上一阶段，团队内部多了一些活力和协调。从初创到持续发展的过程中，团队成员为了其在组织中的地位或影响力而相互竞争，或者对组织中的事情更加漠不关心。成员之间可能会相互挑战，在目标和主导性问题上发生争执，并且想方设法争取领导权。同时，团队成员对彼此的知识和技术能力有所认识。

另外，由于团队成员间存在个性差异，在团队工作过程中，一些成员的性格表现出与其他人格格不入。在这个阶段陷入困境的团队，很可能从初见成效转变为功能失调。

2.3 持续发展阶段

这一时期的团队沟通表现为和谐融洽型。当团队度过了竞争阶段之后，团队成员建立起了大家认可的正式或非正式的团队运作规则和工作程序，团队成员之间的合作比竞争显得更为重要，能够像一个整体一样发挥作用。尽管成员在有关新方法或职位认定等问题上仍会存在分歧，但是在这一阶段中，团队成员对不一致的意见持开放的态度，认为团队中的每个成员都应该发表不同的观点，提出不同的意见。

2.4 成熟阶段

这一时期的团队沟通表现为协作进取型。进入成熟期的团队能够紧密协调地合作，

图 8-2 成熟的汽车维修团队

因为团队成员已将团队文化完全消化吸收，进而融为自我意识的一部分。他们了解团队对每个成员的期望，因此会将时间和精力花在实质性问题上而非一些程序问题上。和谐的团队通常为自己制订很高的标准，因为他们了解自己的能力，并且相信每个人都能够履行自己的职责。团队成员以自己是团队的一员而自豪，也以自己能为团队成功作出的贡献而感到骄傲。图 8-2 为成熟的汽车维修团队。

3. 团队合作在应对汽车维修服务客户投诉中的意义

在维修服务工作中，常会碰到下面的情况：

(1) 与用户李小姐约好下午 4 点取车，但是已经 4 点半了车辆还未修好，用户不高兴，车间主管报告说还要再等一下，用户十分不满，因为她 5 点钟之前要去幼儿园接小孩儿。

(2) 客户在质保期内发现车辆的炭罐发出"嗒嗒"的声响，已按照他的要求免费更换了一个新的炭罐。但用户发现新的炭罐响声更大，于是到服务站投诉产品质量问题。

作为一个团队，如何有效与客户沟通并解决客户抱怨？这就要求服务过程中，团队能够正确解决客户问题，体现客户关怀，提升客户满意度。

3.1 团队合作需要绝对的凝聚力

从上面的任务中我们不难发现，团队合作需要统一的展业形象，统一的展业规则，统一的展业纪律，而不是一盘散沙或者没有整体战斗力，这样会导致客户在汽车维修过程中产生不安全和不被重视的感觉。这种凝聚力就源自团队中的"意见领袖"，一个核心人物在维持整个团队的运作。每个从事汽车维修业务接待行业的工作人员都应该为团队的整体目标业绩而努力。

3.2 团队合作需要强大的战斗力

一支团队若想创造惊人的业绩和影响力，那么必须要有强大的战斗力为其支撑。那么该如何拥有强大的战斗力呢？

首先，提高每位组员的信心。信心能促进很多事物成功进行。提高信心的方法有很多种，例如，彼此间相互交流优缺点，或者每段时间举办一些团队间的活动，让整个团队更有朝气。

其次，付出相应的薪资酬劳，多举办些户外活动，培养组员间的默契和感情。

例如，孙某于 2010 年 3 月 3 日在某保险公司购买了第三者责任险、车损险，2010 年 5 月 2 日发生交通事故，造成车辆损坏。保险公司进行了查勘定损，并指定孙某到一家维修店维修。但孙某认为 4S 店价格虽然比一般维修店价格高，但维修更正规，更能保证质量，坚持要

求到4S店维修。孙某与查勘员小刘就此事吵了起来，一气之下孙某到客服部门投诉，作为一个团队，请问你该如何做？

一汽车玻璃商反映，某保险公司指定汽车玻璃维修点，被保险人报案时保险公司就指定报案人到某家汽车玻璃店更换，然后由保险公司与玻璃店结算相关费用，其他汽车玻璃店维修的不予报销。遇到这样的投诉，作为一个团队，你认为该怎么沟通？

3.3 团队合作更需要越挫越勇的精神

首先，主动加强客户回访，使投诉率保持在零水平。凡是出现在汽车维修业务接待过程中的客户投诉情形，大多与维修接待人员没有主动和客户沟通有关。从一定程度上讲，客户投诉直接反映着维修接待服务机制的缺失，尤其是营销行为方面、服务意识方面出现的薄弱环节。

其次，定期开动员大会。鼓励每位组员，对一些失败的案例，要拿到组里分析研究。日本人最讲究团队管理，日本企业的营销团队也最喜欢开会，每天两个会：早会和晚会。早会是早上上班的时候，用15分钟的时间给销售人员鼓劲、打气，激发他们的斗志，让每位销售人员都精神饱满地联系业务。晚会是下班前开的会，主要是总结一天的工作业绩。晚会上领导可以拍桌子、摔板凳、批评员工，但早会上绝对不能影响员工的情绪。日本企业的业绩基本上都是这样创造出来的。

4. 团队的决策方式

团队决策是重要的团队工作方式。从理论上讲，团队决策在很大程度上体现了团队的独到优点，科学的团队决策不仅能够发掘出代表不同主体的创造性的观点和思路，从而保证决策的全面性和正确性，而且还能促进团队成员间的思想交流，为个体提供学习和发展的机会。团队讨论是每个人都参与和被聆听的一种方法，是一个提出观点和建议，然后根据大家的反馈信息进行调整的论坛。但不是所有的人都喜欢讨论，许多人觉得它浪费时间、令人厌烦，然而讨论却是群体决策所必需的。

4.1 团队发展与领导风格、授权方式

单向就是领导发号指令，员工服从、执行，一切以领导为中心。所以单向团队的布局是领导在中间，员工在周边。双向就是领导民主集中制，决策之前集思广益，充分讨论，最后由领导作出决策。交流是除了领导和员工之间的双向交流外，还有员工和员工彼此之间的交流，要求充分沟通、共同讨论。这时，领导和员工之间，没有上下级的关系。领导和员工研究结束后，作出一个共同的决策，然后领导代表整个团队颁布决定。互动是领导对内、对外以及队员之间有更多的沟通。根据下面的表格，我们发现四种领导风格、授权的四个阶段与团队发展的四个阶段(包括管理模式)，都是一脉相承的。团队发展与领导风格、授权方式见表8-1。

团队发展与领导风格、授权方式　　　　表8-1

阶　段	团　队	授 权 方 式	领 导 风 格
第一	单向	领导发出指令，下属服从	命令式
第二	双向	领导先听取大家的意见，再自己作出决议	指导式
第三	交流	领导和大家讨论，由团队作出决议	支持式
第四	互动	领导分配任务，由下属完成	授权式

4.2 授权决策与共同决策——个人与团队的结合

一位客户来到接待大厅,抱怨新买的第二辆车油耗太大,百公里油耗14升油,比起以前的手动挡车油耗大很多,因此强烈要求换车。在解决这种问题时,要求服务过程中能够正确解决客户问题,体现客户关怀,提升客户满意度。作为一个团队,服务顾问如何安抚客户,并通过有效沟通解决客户抱怨呢?沟通中,我们有时候能根据自己现有的知识和经验来解决,有时候则需依据团队来处理。

【案例1】

客户:为什么我的车窗易起雾?为什么我感觉除雾效果不好?

答:由于外界空气和风窗玻璃之间的温差会导致车窗起雾,从而限制了您的前方视野,对驾驶的安全性造成影响。因此,建议您特别是在冬季用车时,暖车后再行驶,利于除雾。以下的方法可以帮助您加快除雾效果:①打开空调(车外温度高于4℃)可以有效地除湿;②特别是车内乘员较多,外界温度较低时,S-CAR、L-CAR需设置空气为外循环;③设置空调温度为最高(红色顶端),如室外温度较高,则选择空调温度的中间挡,以获得舒适的空气温度;④设置风扇速度,根据需要设置风速挡位除雾;⑤可关闭中央两个出风口,使两侧出风口气流导向侧窗玻璃,进行有效除雾;⑥适当开窗也能加快除雾。

【案例2】

客户:为什么油耗比使用手册上高出很多?

答:对您的疑问,我们很能理解。使用手册上的百公里油耗是一个理论油耗值,它是指在合理的时速(90km等速行驶),良好的路况下,驾驶时所得到的值。在您实际驾驶过程中,由于实际的驾驶条件与理想中有很大的差异性,譬如说:空转1min需燃烧10～30mL的汽油,负载100kg(城市)耗油增加0.5L/100km,5min急速消耗的油量可以行驶1km路程;汽车过冷会浪费汽油,应控制在28℃左右;空气滤清器严重阻塞,会导致汽油的混合比不良;注意时速的控制,一般在90～100km/h左右是最省油的;频繁制动会增加耗油。因此,我们建议您除了注意以上问题外,还可以适当记录一下,如一次加油50L后,实际驾驶了多少千米,路况、时速和其他行驶状况如何等。这样反复记录几次,您会有一个比较明确的数据。顺便提一下,其实就这车的功率、转矩以及平稳、噪声而言,与同类车相比油耗真的不算是高的。

遇到类似的问题,我们采取授权决策就可以很好地解决客户的疑问了!

团队决策不是执著与主张个性的表现,有时要试着改变自己的意见和态度,团队成员间需要互相妥协、认同。拥有弹性的态度或协调性,在实际团队工作中是不可或缺的条件。群体决策是一种学习、适应和掌握的工作技巧,在抱团打天下的时代,更需要掌握有效的群策群力方式。领导方式要从传统型向参与型转化,从过去自我决策、拍拍脑袋就可以决定,向共同决策、授权决策过渡。共同决策:要求领导把自己当成团队中的一员来参与意见,而不要用权威去压制别人的意见。授权决策:给团队成员充分的自主权,让他决定该怎么做,这要求更高的参与性。

【案例3】

有时候客户会提出:"为什么我车的发动机在行驶中响声这么大?"经检测后发现原因是发动机气门导管偏磨造成发动机异响。

答:非常抱歉给您带来的不便。不过引起发动机响声大的原因较复杂,需要进一步确诊。如果是气门导管偏磨引起的响声,可能与燃油品质、车辆维护以及导管材质都有关系。我们会请最优秀的技师给您的爱车做一个全面的分析,然后告诉您原因及解决方案,您看这样行吗?

4.3 团队决策的好处

团队决策的好处是:
(1)信息量不断扩大,知识随之增长。
(2)多种不同的观点在一起擦出更多火花。
(3)团队成员更愿意接收团队决策。
(4)团队决策比个人决策更具有准确性、权威性、合理性。
(5)大家共同达成结论,分享和扩散责任。

在团队的实际运行中,用到的决策方式是多种多样的,这些方式各有利弊,有其各自的适用范围,下面就主要的决策方式加以介绍。

1)沉默决策

当团队中有人提出想法或建议时,不经过团队成员的共同讨论就被放弃。这种类型的团队缺乏沟通,属于无效团队。

2)多数投票决策

如果你的团队所在的组织有着严格的制度约束,那么多数投票制可能会成为制度性的条例。这种方式往往用于当每个成员充分表达了自己的观点,讨论进行的也很彻底,但仍无法达成一致意见的情况下。

这种决策方式的缺点是可能淹没真正具有创意的思想,因此缺乏创新机制。当团队内存在派系斗争时,规模较大的那一派往往是这种决策方式的受益者,由此可能产生所谓的"多数专制"现象。需要指出的是,随着决策对象重要性的不同,达到通过标准的投票比例也应有所不同,例如,规章制度的建立或修改需要 2/3 以上的票数同意而不是 1/2 以上的票数同意。

3)少数人决策

这是指决策由几个团队成员作出,适用于事情比较紧急,但又需要保证一定程度的决策准确性的情况。这种决策方式提高了决策速度,同时也能综合几方面的意见。这种决策方式的缺点是有可能其他成员对该决策的认同度不高;当面对的问题比较复杂的时候,决策的准确性会大打折扣。

4)广征民意的权威决策

当环境比较宽松的时候,团队有条件充分发挥民主,让所有的成员参与进来,尽可能保证决策的正确性并赢得大多数的支持。在这种决策方式下,团队作出的决定有可能只是一种建议,最后由高级经理作出决策。团队成员的工作主要是对问题进行调研后,进行批判性或创造性的思考,提出建议并等待决定。

5)共识决策

这里所说的共识并不是为求表面统一而作的无原则的敷衍和退让,它通常是团队成员在一系列的脑力激荡过程后作出的。这个决策往往不是他们的最初想法,但通过大量讨论和协商后,所有的人都衷心认为该决策是最优的,并承诺对此付诸实施。共识决策具有相当的包容性,而且保证了每个人对决策的高度承诺,但缺点是费时较多,成本较大,需要相当多的沟通技巧,如会议沟通技巧、语言沟通技巧等。

崇尚个人主义的欧美人正在努力学习日本人所具有的共识技能,尽管日本的团队作出一个决定时可能耗时、耗力、劳神,决策过程痛苦而漫长,但共识一旦形成,因为有队员们的高度认同,实施过程会相当高效而且顺利。

显然,共识决策是最理想的团队决策方式,在时间和物质条件允许的情况下,应尽量采用共识决策。

【案例】

芜湖市某公司于2008年5月从南京购进进口宝马车一辆,连续两年均在某财产保险公司投保了车损险、第三者责任险、附加车上人员责任险和不计免赔险。2010年2月18日,车辆在转弯时,不慎撞到右侧墙角处,将右后门及右后翼子板损坏。保险公司派人进行了查勘,定损维修费700元,配件材料费按实际结算。因芜湖没有宝马维修站,该公司要求到南京宝马维修站维修,保险公司未同意,但该公司还是将车辆开到南京进行了维修,维修费5438元。到保险公司理赔时,保险公司却只赔付部分费用,双方从而产生纠纷。请问,面对客户投诉,保险公司作为一个团队如何沟通?

5. 共识决策方式的应用

共识决策对成员的要求如下:

成功的共识决策要求团队成员具备良好的个人素质。

第一,相信"竞争性"的脑力激荡和交流能产生出优化的思想,从而有助于形成正确的决策。在这种信念下,当别人对自己的观点提出质疑、表面上"冲突"就要形成的时候,自己能够想到当前发生的不一致是对事而不是对人,从而不会产生敌对情绪。

【案例1】

用户的汽车前照灯自己撞过却没有如实相告,要求质保。服务顾问未打开发动机舱盖仔细检查,结果照相后才发现不能走质保,这时用户不悦。碰巧工人不慎将车门撞上了,可钥匙还在车内,服务顾问建议钩开,当时用户口头同意,但随后,用户以接车员未经他同意私自将车门钩开为由投诉。实际上客户是因为没能免费换前照灯而生气。

用户心理分析及应对办法:

用户不够诚实,想利用质保政策免费换前照灯,但隐瞒了车辆碰撞的事实,我们应坚持公事公办,严格执行工作流程,避免这类用户有机可乘。在工作中,我们确实有失误,同时,这也成为用户投诉的表面原因,因此,应马上向用户道歉。

"先生,真对不起,由于我们工作失误,把您的车门撞锁上了,是我们不对,今后我们一定会更加留心的。"

如用户坚持投诉,应迅速向服务经理反映,用户有占便宜的心理,如得不到满足不会轻易放弃投诉。对用户车辆进行何种处理,都应让用户签字确认,以避免类似情况发生。

点评:对工作失误迅速道歉,超过权限迅速上报。

第二，团队成员需要具备良好的沟通技能。例如，勇于表达自己的观点，而且有能力让别人充分理解它的实质；愿意倾听，能正确理解并有能力消化吸收别人的观点等；表达清楚，说话简洁有力，在决策中能进行妥协和协商。

【案例2】

客户："上次我更换配件价格高，这次配件降价了，回单位向领导无法交代，配件价格变化太大，总在变动，能不能不变？"

答："配件价格下降是为了回馈广大车主对我们品牌的厚爱，节省车主们的使用成本，您的情况很特殊，如果有必要的话，我们可以出具相关说明，您看如何？"

【案例3】

客户："轮胎起包你们都不管，我看你们的质量担保是骗人的！"

答："轮胎是橡胶制品，属易损易耗品，使用环境对它的安全寿命影响很大，请您今后在使用的时候一定要注意对轮胎的保护，据我们了解，其他品牌的轮胎也都不在保修范围之内，我们确实没办法给您保修轮胎，请您谅解。"

第三，成员还应该具备足够的与汽车零配件相关的知识，比如说当决策议题为汽车零配件预算时，与会者应该具备相应的汽车知识，这样才能在充分理解议题的基础上做到深度会谈。

【案例4】

经济型改装推荐中，推荐项目一：铝合金轮辋。

参考价格：$0.57m$（17寸）为 $900\sim1000$ 元，$0.60m$（18寸）为 $1000\sim1200$ 元；

特别提示：车辆若没有经过大的碰撞，报废前不必更换铝合金轮辋；

实用效果：换装后，有明显降低油耗的效果（1L以内）。售后方面，许多店面对于更换下的旧轮辋还有回收服务。其中，$0.53m$（16寸）折价后 $400\sim500$ 元，$0.57m$（17寸）折价后 600 元。

推荐项目二：氙气灯

参考价格：亮度 $4500\sim6000K$、价格 $1000\sim3000$ 元，例如，飞利浦品牌氙气灯价格 2000 元左右，经久耐用；

特别提示：报废前不必更换；

实用效果：加装氙气灯更多的是为了夜间行车视野清晰。但也有车主对于加装氙气灯的车辆并不喜欢，主要原因就是"灯亮欺人"。建议加装氙气灯时，选择合理的灯泡亮度，$4500\sim6000K$ 的亮度对于普通私家车主来说足够用，没有必要加装色温过高的灯，以免年检无法通过。

第四，团队讨论中难免有冲突和矛盾发生，因此，要求团队成员能忍受相当程度的压力以避免发生破坏性的冲突，有独立的思维并具有创造性的革新精神等个性品质。

6. 打造汽车售后服务团队

宝马公司是全球唯一一家生产高档汽车和摩托车的生产商，也是世界上实行高档品牌策略最成功的厂家。自进入中国市场以来，宝马公司不仅一直致力于为客户带来性能出色的宝马产品，提供宝马的"纯粹驾驶乐趣"，而且把完善售后服务，提高客户满意度作为另一项长期发展战略。长期以来,宝马在服务领域积极推进一系列卓有成效的售后服务计划,努力让每一位中国客户享受到他们期望的并且应该得到的高档服务。根据中国市场和消费者的特点,宝马公司在售后服务的软、硬件方面都投入了相当的努力,并已形成了一套完整的售后服务体系。服务内容的逐步完善和服务水平的不断提高也促进了宝马产品在中国市场的持续快速增长。2011年,宝马公司更是倡导全新的品牌理念"驾无忧,悦常在"。获得以上成绩是因为宝马公司售后管理人员与一线员工有很多都拥有宝马汽车维修经验,拥有较高维修技术与专业素质,而且作为宝马授权经销商,他们配备了最先进的宝马汽车诊断维修设备以满足新车型、新技术的保修需要。

售后服务不是一个空泛的概念或者简单的技术维修,它是客户来到经销商处所有体验的总和。清楚和愉悦的客户沟通、准确的车况诊断、快捷的解决方案是优质售后服务的关键。这需要每一个出色的员工和由他们组成的高效团队来服务好客户。为了促使4S店处于同行的领先地位,也为了更好地服务于车主,有必要全力构建一支优秀的售后服务团队。那么,如何打造一支优秀的汽车售后服务团队呢?

6.1 打造服务顾问团队的要点

面对复杂的索赔服务流程和技术难点,面对客户对于技术和成本想要物超所值期待,面对客户各种情况的抱怨和投诉,究竟如何处理?情绪化的因素往往会在售后服务的矛盾激化中占据很大成分,这也是服务的难点和节点。修车之前,先维护客户的心情,这才是至关重要的服务之道。

把修车和看病做对比的话,就很容易理解了。为了放心,在看病时我们会挂专家号,耐心等待很长时间,而就诊的时候,如果专家简单快速地给出准确的治疗方案,我们未必满意,原因就在于我们没有得到耐心解释和安慰。这也说明,解决方案在整个就医过程的满意度评价中,只占很小的一部分,而更多的满意来自于咨询和寻求慰藉的过程。用服务业的话语来讲,就是客户的关怀和释压过程没有做到位,造成了客户的抱怨和投诉。

修车也是一样的,服务人员认为很常见的一个小故障,但可能客户会认为是一个很大的问题,如果客户得不到预想中的解释,脾气可能会到爆发的临界点。有经验的服务人员,首先要做的就是安抚客户,快速启动危机公关程序,在解决技术问题的同时,重点开展客户的心理安抚,舒缓客户的焦虑和烦躁,将客户可能爆发的情绪引导至安全状态。服务超越了技术范畴,技术的支撑隐藏在服务的细节之中,二者结合,才能使得技术优势放大,成为效能倍增器。减少客户的抱怨和投诉,赢得客户的信任,这是服务工作成功的一半。

接下来,就要针对服务工作的难点,重点培训服务人员的服务意识和服务技巧,建立一支高情商的职业化服务团队,这需要长期的经验积累和反复的员工培训。按照规定的流程和标准,使用专业的维修设施来修理汽车其实很容易,而"修理"客户的心情却没有硬件支持,只有一切以客户利益出发,和客户快速有效沟通,达成一致共识,才能医治客户心灵的"创伤",赢得客户、赢得市场。

汽车服务行业必须要恪守一条基本准则:维修的关键是规范,索赔的关键是沟通。愤怒的客户对建议者的信任度最低,心怀感激的客户则会对建议者有着较高的信任度。

服务顾问团队的水平直接关系到维修店的服务业务量。可以从服务态度、专业水平、产值、接车台次等方面进行绩效考核并制订相关的激励政策,提高服务顾问的积极性和业务水平。

6.1.1 对售后服务管理者的相关要求

(1)服务团队管理者的职责。服务团队管理者的主要职责就是建立一个合理的管理规则,这个管理规则的制订必须要求团队成员全员参与、充分沟通,使他们在正确理解管理举措的基础上畅所欲言,从不同的角度提出质疑,并且认真对待不同意见,使管理举措更加完善。同时,大家共同制订的这个规则也兼顾了个人利益和公司的利益,也能使每个团队成员的责任、权利和利益有效地统一起来。

(2)服务团队管理者角色定位的转变。服务团队的管理者在团队建设与发展过程中,要能够实现角色定位的转变。作为一位服务团队的管理者,应是整个团队的领航员,又是培训师、协调员、辅导员,还是一位好的伯乐。即作为管理者,首先得为整个团队设定目标,制订实现团队目标的工作策略、方针和方法;其次还得具有教育和培训下属的能力和意愿,以及当好团队成员沟通的桥梁,善于化解矛盾、解除误解;再次在充分尊重团队成员的创造性和创造愿望的基础上,激发每个成员的创造热情和活力,尽力使团队成员的个人价值观和企业价值观得到统一;最后还必须得是一位好的伯乐,为保持售后服务团队欣欣向荣、蒸蒸日上,在岗位人员的安排上应做到扬长避短,知人善任。

(3)对服务团队管理者能力的要求。企业管理要求服务团队的管理者必须具备两种能力:一是灌输思想的能力,即把自己定位成一个沟通者,通过和团队成员有效沟通,使他们能够接受并认同你的管理思想;另一个是贯彻执行的能力,使团队成员在进行具体工作时能够做到真正可操作和可执行。除此之外,服务团队的管理者还应具备相应的专业能力、培养下属的能力、工作判断的能力、学习能力等多种技能。通过对上述能力的综合运用,有效地激发整个售后服务团队的工作激情,打造一支高效能的工作团队,才能称之为一个优秀的团队管理者。

6.1.2 售后服务团队的组建

(1)选用最适合的人才。建立一个优秀的售后服务团队,需要的是那些最适合此项工作的人才,而不是最优秀的人才。有的员工专业能力很强,但不善于沟通,很多时候问题虽然解决了,但客户满意度不高,所以我们在选用售后服务工程师时,要尽可能地考虑那些综合能力强的人才,而不是专业能力最强的人才,因为他们在去客户现场进行售后服务时,直接代表的是公司,在这个时候不但需要专业的技能,相应的也需要较强的沟通能力。客户的产品在使用过程中出现问题时,特别需要我们良好的沟通以及快速处理好相关问题,只有这样才能使得客户对我们仍能保持信任的感觉。

在选用人才时,除了考虑应聘者的综合技能外,我们还应重点关注他的人品、工作态度、处事态度以及是否有耐心、能不能吃苦耐劳,这些都是为客户做好售后服务的关键因素。图8-3为专心致志工作的售后服务人员。

(2)培养人才——解决人才匮乏的问题。在组

图8-3 专心致志工作的售后服务人员

建售后服务团队时,我们经常会面临不能完全招聘到适合的人才,即人才匮乏的情况,这就要求管理者通过自己培养的方式来解决人才匮乏的问题。自己培养人才,首先要求企业努力把自己变成学习型组织,建立知识库,把每个人身上积累的知识归纳总结,成为共性的知识,使得其他人都能共享资源。这是组织成功的根本保证,也是留住人才的必要条件;其次就是大力推行"传、帮、带",根据每个人的知识技能情况,将新老售后工程师组合在一起,让老工程师在为客户做具体的售后服务时教导新工程师;最后就是通过培训的方式来培养人才,管理者可定期组织具有优秀的售后服务工作经验和技能的工程师为新加入的售后服务工程师进行各种培训,以使他们能尽快成长起来。

建立一支优秀的售后服务团队需要我们选用最适合的人才,需要我们进行人才的培养,同样还需要我们进行人才梯队建设。根据制度实行人才培养和选拔模式,对梯队成员进行工作跟踪及考核、评估,需要培训的及时培训、可以提升的及时提升,全力贯彻人才梯队建设制度,只有这样我们才能组建一个优秀的、可持续发展的售后服务团队。

6.1.3 售后服务团队管理

(1)售后服务团队成员的绩效评估。对售后服务人员进行绩效评估,我们首先可以把售后服务团队成员分成两类,一类是技术支持类,另一类是现场服务类。技术支持类的员工包括公司售后服务中心的技术支持、热线专家、配件管理员和库房等技术管理职位。对于这类团队成员,我们应该采用绩效协议模式,每月月初制订工作计划,并明确完成要求时间,下月由直接主管对其进行上一期绩效考核。同时,由于日常工作对履行好职位职责较重要,因此应加入对日常工作的考核,确定日常工作质量标准,进行相应的考核与评分。现场服务类的员工主要是售后服务工程师,对他们主要采用关键指标进行考核,包括工作服从性、故障处理相应情况、客户交流以及信息反馈等方面,由于该部分员工的日常或关键行为及表现对其工作质量影响较大,故采用关键行为考核法,对关键性的不良行为进行减分。每月进行绩效评价之后,每月员工总分不可能出现满分和超过标准分,并将评价结果进行分类处理。

其次,我们还可以运用"360度绩效评估制度"对整个售后服务团队的所有成员进行评估,由售后服务团队成员自己、主管领导、同事、客户等从各个角度来评估被评估者的沟通技巧、人际关系和业务能力,通过这些评估使被评估者可以获得多种角度的反馈,知道自己的不足和长处。

(2)服务团队绩效的提高。企业要想在未来激烈的市场竞争中保持领先,除了在产品方面保持较高的性价比外,还要重视产品的售后服务以及对售后服务团队的管理,我们要对售后服务团队成员以及整个团队进行绩效评估和考核,还要注重整体绩效的提高,如何有效提高服务团队的绩效,创建一支高绩效的售后服务团队呢?我们可以从以下几个方面入手:

①建立明确的目标责任体系。通过确立清晰明确的目标,让整个团队成员清楚知道"我们要做什么,要完成什么,能得到什么"。明确的目标能够为团队成员指明方向,是团队运行的核心动力,更是售后服务团队存在的基础。

②塑造良好的团队氛围。售后服务管理者应该着力培养良好的团队工作氛围,在团队工作范围内充分授权,与团队成员进行交往、沟通,注重员工工作满意度和生活满意度的提高,通过实现良好的工作福利待遇、改善工作环境、职位调换等多种手段使团队成员感受工作的乐趣以及挑战性,从而提高售后服务团队的工作效率。

③注重培训。在售后服务团队中,管理者应该营造积极的培训氛围,使每个团队成员乐于培训,售后服务管理者应积极创造条件,组织服务人员学习新知识、新技术,为其提供各种外出进修和学习的机会,提高团队成员的知识、技能和业务水平。

④建立健全有效管理制度和激励制度。一支高效的售后服务团队必须建立合理、有利于组织的规范,并且促使团队成员认同规范,自觉遵从规范。在实施激励时,要充分考虑人们需求的多样性,激励形式要丰富多样,注重精神激励和物质激励并重。

6.2 打造"服务明星"工程

一直以来,汽车业界的重心在于汽车销售,业内新闻媒介针对汽车销售人员的各种评比活动层出不穷,而汽车售后服务方面这些年来一直处于被冷落的地位,近几年针对业界汽车服务方面的投诉日趋增长。因此,打造4S店的"服务明星",向客户展示优质的服务水平,有助企业美誉度的提升,打消客户的顾虑,促进店内业务量的稳步增长。

中国巨大的汽车市场,必然衍生出巨大的汽车服务市场。在汽车业界有这样一句话:"第一辆车是销售人员卖出去的,而第二三辆车是售后服务人员卖出去的。"这句话表明了汽车售后服务对于汽车厂商的重要意义。在欧美发达国家,售后市场所占的利润高达60%以上,而整车销售只占15%左右。因此,从国际成熟市场来看,汽车产业链真正的利润来源是售后市场。

汽车的售后服务涵盖了汽车销售以后有关汽车的质量保障、索赔、维修维护服务、汽车零部件供应、维修技术培训、技术咨询及指导、市场信息反馈等与产品和市场有关的一系列内容。

(1) 汽车维修和维护。汽车维护指对汽车使用一定的故障预防服务业务,包括首次维护,中期维护等,良好的维护可以大大降低汽车的故障发生率,减少汽车维修费用,促进汽车消费者的客户满意度和忠诚度。

(2) 代理汽车保险与索赔。汽车保险指汽车消费者向汽车保险公司交纳一定金额的保险费,当汽车发生事故时,保险公司向汽车消费者发放与其遭受损失金额相应比例的保险赔偿金,可以分为车险和乘客险两种。目前,汽车保险已经占到世界非寿险的60%,国内汽车保险营业额也在财产保险中居第一位。

(3) 汽车零配件经营及服务增值。

(4) 维修技术培训。专业的汽车服务公司的专业技师是公司的重要资源。技师在汽车维修技术方面无疑是非常专业的。而通过开办汽车维修技术培训班,消费者只要交纳一定的培训金额就能得到专业的维修技术人员的技术培训,这既能增强消费者的品牌好感度,又是培养团队意识的一种方法。

(5) 汽车用品。4S店可以发展汽车用品经营服务业务,这是个收入比较丰厚的服务业务。4S店经营汽车用品相对零售改装店更有优势。在一定时期内,汽车用品零售改装店和4S经销商自营店在价格上可能没有优势,但4S店可以突出自己在服务、信誉度、专业、人性化和便利方面的优势,弱化价格方面的劣势。

例如,针对汽车制造商"不允许汽车电子方面的改装,如果改装了,厂家不负责保修"的规定。丰田4S店改装的车能对车主承诺保修,消除车主的后顾之忧,这是吸引车主改装的重要手段之一,在4S店改装一些技术含量高的产品是车主的首选,同时,4S店还可以避免与零售改装店的直接价格竞争。

汽车4S店经营的产品要做全,经销商要为4S店提供汽车影音、防盗、GPS、胎压检测仪、倒车雷达等汽车电子产品,还要提供美容护理、装饰改装、防爆膜等产品。但因为4S店场地较小的原因,每一个品类一般只选择少量的品牌而且要做精。

(6)汽车装饰和美容。汽车装饰和美容主要指汽车的外部装潢和内部装潢。外部装潢是在原车外形的基础上突出美观、实用、与众不同等特点。这包括加装保险杠、轮架、轮眉防撞条,加装车顶排灯、挡泥板以及在车身上贴彩条等。通过加装这些物品,形成轿车外观整体形状和色彩的变化,从而突出车主独特的个性。内部装潢包括车窗上贴防爆膜、加装地胶、座垫、靠垫、杂物箱、香水瓶等,豪华装饰包括加装高档视听设备、纯毛地毯等。随着汽车的普及,汽车内装饰、外装饰、汽车防盗、维护用品的需求将获得较大的提升。汽车的装饰与美容可以大幅提高汽车乘坐的舒适度和美观度,因此汽车装饰和美容业的发展空间较大。

(7)汽车俱乐部和汽车文化。汽车俱乐部有多种形式,如品牌俱乐部、车迷俱乐部、越野俱乐部、维修俱乐部、救援俱乐部等在国内方兴未艾。汽车文化范围广泛,包括汽车模型、汽车报刊、汽车影视、车迷、汽车与社会等。

6.3 打造"金牌服务"品牌

4S店也需要注重自身品牌的建设。当前,单个4S店要想突破厂家的限制,打造自己的品牌形象确实有困难。但在汽车售后服务市场方面做文章,打造服务品牌却是可行的,这也是公司做大做强的基础。通过打造"金牌服务"品牌,从而塑造企业自身形象,使公司立于不败之地。

思考与练习

一、讨论题

1. 举例说明群体与团队的差异。
2. 你认为团队成员各自应扮演好怎样的角色?
3. 领导者的素质对团队的绩效有何影响?
4. 在团队发展的第二个阶段中,团队的有效沟通为何显得尤为重要?
5. 观察某团队做决策的全过程,描述影响该团队工作效率的沟通行为以及所采用的决策模式。

二、情景模拟

客户提问:

(1)你们修理厂不是修理吗,为什么我的车出现问题以后老是要换总成?叫你们负责经理过来!

(2)为什么我的车在车速80~120km/h时,车身抖动特别厉害?是不是你们的问题?

(3)为什么我的车的制动液液位会下降?这与制动片有什么关系呢?技术人员在哪?给我一个合理的解释!

参与一个由不同角色组成的小组以完成以上任务。将你的分析和评价以口头形式与其他同学交流，或者以书面的形式在班上传阅，然后进行进一步的讨论，并针对需要改进的方面，集思广益，最后给出解决方案。

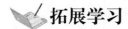拓展学习

1. 团队激励

激励是一个满足组织成员需要、引导和强化其行为的过程，它对于团队工作而言是不可或缺的必要条件。激励也是团队管理的一个重要组成部分，是根据激励的原理，采用具体的激励方法，来提高团队成员乃至整个团队的工作效率。在拓展学习中浅谈团队激励的常用方法及针对团队一般成员和团队管理成员的激励方法。团队激励的常用方法有如下几种：

（1）竞争激励。一般来说，在竞争的氛围下，团队的表现会越来越出色。因为竞争可以强烈地刺激每位团队成员的进取心，使他们力争上游，发挥出最大的潜能。需要强调的是，竞争激励强调的是"促进"发展取向的，而不是"优胜劣汰"的思维，对于落后或后进者应当通过合作给予"帮助"。竞争激励主要有以下几种方式：

①优秀员工榜。

②竞赛。

③职位竞选。

（2）个体薪酬激励。在团队管理中，较为困难的是如何设计合理的奖励制度和采用恰当的方式。人是一种具有目的性和利益比较的"经济动物"，对人的奖励有时要比竞争或压力更能影响人的行为，也就能够使得激励的效果更强大。通过个体奖酬来进行的激励通常有以下几种：

①加薪。

②公司股份与期权。

③津贴和福利。津贴和福利通常指经济上的奖励，包括优惠的住房险，如意外保险、人身保险和旅行保险等。

④休假与旅游。休假很重要，这关系到团队成员的休整放松和生活、工作质量。

⑤游戏、奖品奖励的其他形式。

总之，对于奖励要注意恰到好处，发放过于频繁或者给予大于应得，就有可能适得其反。

（3）团队薪酬激励。尽管团队激励的方式如此众多，但在现实的管理实践中，绝大多数管理人员还是将金钱放在高于其他激励因素的地位，而且其实施效果也是明显的。这是因为薪酬不仅能够满足团队成员的生活需要，其还能传递组织战略和团队方向等信息，牵引成员按照团队目标的要求行事，同时它也是表彰团队成员贡献、使其个人价值得以体现的较佳方式，还是培植团队合作环境的关键因素。因此，要强调薪酬支付这一激励方式的重要性，必须通过科学的薪酬激励机制设计来促使成员按照团队目标的指引方向努力工作、积极合作，从而增强团队的协同效应，提升团队的整体绩效和产出水平。

①团队的薪酬支付方式。在团队中,成员的薪酬支付一般包括三个方面:基薪、激励工资以及非货币报酬。

②支持高绩效团队的薪酬支付体系。

(4)事业激励。

①工作激励。

②荣誉激励。

③晋升与增加责任。

增加责任的方法主要有:让其领导项目任务小组,让其承担教学或指导工作的任务,给予其特殊任务并放手实行;让其参与重大决策和授予荣誉职务等。

(5)愿景激励。团队管理中,对成员个人发展愿景的激励往往是最好的激励方式。采取个人发展的激励手段,可将团队成员自我发展的目标与团队的目标融为一体,对团队成员的激励具有长久性、持续性和稳定性,它有利于团队的长远发展。下面是个人发展愿景激励的两种主要方法:

①职业发展。

②培训与学习机会。

在许多著名公司,培训已经成为一种正式的激励手段。例如,丰田汽车制造厂在厂房中设立专门的区域让员工进行学习,想要提高自己水平或承担更大责任的员工利用业余时间在学习场地中获取能提高能力、增长知识以及能让他们挑起新担子的信息。

2. 测测你的团队合作能力

一个团队一般至少有两项基本目标:完成任务和维护成员间合作融洽的关系。为能成功完成任务,成员们需提供任务行为,包括获得、组织、总结、协调各种信息;为维护成员间良好的工作关系,成员们需提供一定的维护行为,如互相鼓励参与团队行为、促进彼此交流、认真听取他人意见等。

通常,人们认为这只是团队领导的事情,其他成员只需完成自己本职工作即可。但事实上,在一个高效的团队中,每个成员都会主动执行上述行为。

以下测验能帮助你检查自己是否具有团队技巧。以下每一项都陈述了一种团队行为,根据自己表现这种行为的频率打分:总是这样(5分),经常这样(4分),有时这样(3分),很少这样(2分),从不这样(1分)。

当我是小组成员时:

(1)我提供事实和表达自己的观点、意见、感受和信息,以帮助小组讨论。(提供信息和观点者)

(2)我从其他小组成员那里征求事实、信息、观点、意见和感受,以帮助小组讨论。(寻求信息和观点者)

(3)我提出小组后面的工作计划,并提醒大家注意需完成的任务,以此把握小组的方向。我向不同的小组成员分配不同的责任。(方向和角色定义者)

(4)我集中小组成员所做的相关观点或建议,并总结、复述小组所讨论的主要论点。(总结者)

(5)我带给小组活力,鼓励小组成员努力工作以完成我们的目标。(鼓舞者)

(6)我要求他人对小组的讨论内容进行总结,以确保他们理解小组决策,并了解小组正在讨论的材料。(理解情况检查者)

(7)我热情鼓励所有小组成员参与,愿意听取他们的观点,让他们知道我珍视他们对群体的贡献。(参与鼓励者)

(8)我利用良好的沟通技巧帮助小组成员交流,以保证每个小组成员明白他人的发言。(促进交流者)

(9)我会讲笑话,并会建议以有趣的方式工作,借以减轻小组中的紧张感,并增加大家一同工作的乐趣。(释放压力者)

(10)我观察小组的工作方式,利用我的观察去帮助大家讨论小组如何更好地工作。(进程观察者)

(11)我促成有分歧的小组成员进行公开讨论,以协调思想,增进小组凝聚力。当成员们似乎不能直接解决冲突时,我会进行调停。(人际问题解决者)

(12)我向其他成员表达支持、接受和喜爱,当其他成员在小组中表现出建设性行为时,我给予适当的赞扬。(支持者与表扬者)

以上 1~6 题为一组,7~12 题为一组,将两组的得分分别相加对照下列解释:

(6,6)只为完成工作付出了最小的努力,总体上与其他小组成员十分疏远,在小组中不活跃,对其他人几乎没有任何影响。

(6,30)你十分强调与小组保持良好关系,为其他成员着想,帮助创造舒适、友好的工作气氛,但很少关注如何完成任务。

(30,6)你着重于完成工作,却忽略了维护关系。

(18,18)你努力协调团队的任务与维护要求,终于达到了平衡。你应继续努力,创造性地结合任务与维护行为,以促成最优生产力。

(30,30)祝贺你,你是一位优秀的团队合作者,并有能力领导一个小组。

当然,一个团队的顺利运行除了以上两种行为以外,还需要许多别的技巧,但这两种最基本,且较易掌握。如果你得分比较低,也不要气馁,只要参照上面做法,就会有所提高。

参 考 文 献

[1] 赵慧军.管理沟通[M].北京:首都经济贸易大学出版社,2003.
[2] 李家龙,黄瑞,李家齐,等.人际沟通与谈判[M].上海:立信会计出版社,2005.
[3] 徐明,于君英.SERVQUAL标尺测量服务质量的应用研究[J].工业工程与管理,2001,(06).
[4] 范秀成.服务质量管理:交互过程与交互质量[J].南开管理评论,1999,(01).
[5] 韩经纶,韦福祥.顾客满意与顾客忠诚互动关系研究[J].南开管理评论,2001,(06).
[6] 白长虹,刘炽.服务企业的顾客忠诚及其决定因素研究[J].南开管理评论,2002,(06).
[7] 白长虹,廖伟.基于顾客感知价值的顾客满意研究[J].南开学报,2001,(06).
[8] 高玉民.国外汽车维修企业的小型化特征[J].汽车与配件,2002,(08).
[9] 朱杰,聂文龙.汽车服务质量的评价研究[J].武汉理工大学学报,2006,(04).
[10] 毛宏.浅谈服务行业的质量管理[J].中国质量,1997,(01).
[11] 卢继春.汽车服务企业顾客忠诚研究[D].武汉:武汉理工大学出版社,2007.
[12] 仇春灵.汽车维修服务质量评价研究[D].武汉:武汉理工大学出版社,2009.
[13] 程志.汽车服务业顾客忠诚驱动机制研究[D].武汉:武汉理工大学出版社,2010.